だいわ文庫

一流のお客様に学んだ言葉づかい

# 大人女子の やわらかな話し方帖

横田真由子



大和書房

# はじめに
## 大人として品よく好感度を高めるために

「あの人の話し方は、素直に伝わるし、感じがいい」――そんな風に感じる大人は好感度が高く、まわりから愛され、毎日を楽しく過ごすことができるでしょう。大人として身につけておきたいのが、感じのいい「話し方」と「伝え方」。「話し方」と「伝え方」は、意識するだけで変えることができるのです。そんな「話し方」と「伝え方」の好感度を高めるためには、6つのポイントがあります。あなたの今と未来を楽しく仕立て直すために、まずは、次の6つをお伝えします。

## ①大人としてのこなれ感を身につける

「こなれ感」とは、ファッション雑誌やファッション系の記事で頻繁に使われている言葉で、「こなれ感がある」とは、「気合いが入っているように見えない、自然な着こなし」のことです。

「こなれ感がある人」は、「お洒落上級者」に見えるのです。

ファッションだけでなく、大人としてのこなれ感がある人は、「振る舞いや態度が自然」です。人々の前での振る舞いに無理がなく、自然体である大人は魅力的だと感じます。

また、公の場でのスピーチやプレゼンテーション、対人関係におけるコミュニケーションでも「話し方」が自然体で、大人としての好感度が高いのです。

「頑張りすぎず、自然体でいられる人」は、大人としての話し方を心得ていて、そんな大人になりたいなと思った出来事がありました。

私がハイブランドの販売員をしていた頃のことです。東京の上野にある国立博物館でファッションショーが開かれました。

エントランスには赤絨毯が敷き詰められ、伝統と格式のある博物館の大階段へと続くアプローチは、うっとりするほどゴージャスで、ラグジュアリーな空気に包まれていました。

いつもTVで観ている有名人や俳優さんたちが私の横を通りすぎ、イブニングドレスを着たVIPのお客様たちが、シャンパンを片手に談笑する様子に、私は緊張しすぎて笑顔もこわばり、どう振る舞ってよいのかもわからず、ただ、立ち尽くすだけでした。

ですが、先輩たちは、その雰囲気に臆することなく、かといって気合いが入りすぎて空回りすることもなく、堂々といつも通りにゲストをお迎えし、スムーズにお席にご案内する様子もスマートで、全体を見ながら指示を出していました。

私は、「この場所にふさわしい自分でいたい」という思いが強すぎて、自意識過剰になっていたのです。

全国の店舗から、選ばれてこの場にいるという自負もあり、「評価されたい」「失敗だけは避けたい」という気持ちが、さらに緊張感を高めていったのだと思います。

自分を鼓舞して、よいパフォーマンスをするには、適度な緊張はなくてはならないものですが、緊張しすぎているときは、たいてい「自分軸」なのです。「自分を必要以上によく見せたい」と思うと、緊張感はMAXになります。

しかし、私がそこにいたのは自分の評価のためではなく、ゲストにこの雰囲気を十分に楽しんでいただけるよう、おもてなしするためです。

そんな「相手軸」をすっかり忘れていたことに気づいたのです。

「普段の私」を見てくれて抜擢してくれた先輩のためにも、「いつもの自分でいいのだ」と思いました。ゆっくりと階段を上り下りし、堂々と、背筋を伸ばして歩く。落ち着いて、ゆっくりと話す。

そして、何よりもここにいられる幸せを感じながら、1・5倍の笑顔でお出迎えする。そうすれば、自然と感じのよい話し方になるのだと思いました。

そんなことを自分に言い聞かせながら夜は深まり、圧巻のショーが始まりました。

初めての博物館でのファッションショーは大成功に終わり、私は上野のホテルに帰ってからも寝つかれず、高揚感が覚めやらぬまま朝を迎えました。ホテルの窓から見た都会の朝焼けは、少し大人になった自分を讃《たた》えてくれているように感じました。

こなれ感は、若いときに身につけることは難しいかもしれません。けれど、大人が目指したいのは、頑張りすぎず、どんなときも自然体で振る舞える「大人としてのこなれ感」ではないでしょうか。

そんな自分でいられたとき、小さな品のようなものが生まれていくのだと思います。

## ②機嫌よく、落ち着いたトーンで話す

大人は「疲れていないこと」が大前提だと思っています。そもそも疲れていると、人にやさしくなれないからです。

疲れていると、「人と会いたくない」と思ってしまいますし、ちょっとしたことでイライラしたり、使う言葉が強くなったりしてしまいます。

言葉がやさしく、品があって、話し方の素敵な女性には共通点がありました。

いつもご機嫌で幸せそうに見えるのです。

悩みのない人なんていないと思いますが、そんなことは感じさせないくらい、いつも常温のやさしい声と言葉で包んでくれました。

やわらかそうな、質のいい服をいつもお召しになっていたあるお客様

は、その服が「黒だったような、いや、紺だったかな?」と、はっきりとは思い出せません。服よりも表情や立ち居振る舞い、話し方や声の方が記憶に残っているのです。きっと自分自身をよく知っていらっしゃるからでしょう。自分に似合うものをさりげなく身につけている「雰囲気のある人」でした。

店には、新人からベテランまで、何人かスタッフがいるのですが、すべてのスタッフに対して、笑顔を向けてくれたり、声をかけてくれたりしました。その場にいるスタッフ全員が、「いつも目が合う」「ニコッと微笑んでくれる」「やさしく声をかけてくれる」と言いました。

そこにいる人全員と「目を合わせる」「言葉をかける」という配慮が感じられ、「人当たりのいい方」「感じがいい方」という印象が、私たちの共通認識でした。

そして、「あたたかな声」というのは、こういう声だと感じるくらい、落ち着いたトーンで、ゆったりと話されます。温和な人柄と感じさせるポイントは、声のトーンも大事なのです。

声というのは、その人の心も含めた人柄や内面を、最もよく表すものかもしれません。遠方にいる母と、よく電話で話しますが、声で体調やメンタルの良し悪しもわかる気がしていました。

有名なあるシンガーは、「声はギフト」だと言います。

まさに、「相手に届けるギフト」だという意識を持つと、声をきちんと意識できるのではないかと思います。

特に挨拶は、「あ」行が多く、「ありがとう」「おはよう」「おつかれさま」「いってらっしゃい」など、「あ」行をしっかりと口を開いて発音するだけで、気持ちが相手に届きやすくなります。人当たりのよさを身につけている大人は、コミュニケーションのきっかけである、気持ちのよい挨拶とあたたかな声を意識しています。

## ③やわらかくいるための余白がある

清潔感があり、立ち居振る舞いの美しい人は、きっと部屋もきれいで片づいているのだろうと想像します。暮らしの中に余白があると、心が穏やかになり、自分にも人にもやさしく接することができるからです。

代々続く、老舗の後継ぎでもあるお客様は、慎ましやかで思慮深く、お話をさせていただくと、なぜか、いつも心がすーっと落ち着いていくのを感じていました。言葉数は少ないのですが的を射ていて、新しい視点や気づきを与えてくれました。

お買い物のスタイルは、長く愛用されているものを大事にしながらも、新しく取り入れるものは取り入れ、自分らしくカスタマイズしていらっしゃいました。歴史があり、伝統を大事にしている家柄だからこそ、進化を止めないというスタイルが当たり前なのかもしれません。

ブランドビジネスに携わって感じたことでもありますが、ブランドは、商標と信頼。その暖簾《のれん》の信頼性を維持するためにも、時代に合わせて変えるところは変えていく。古くさくなってはいけないのです。

常に新しいものを受け入れ、ベストなバランスで新旧を交ぜ合わせ、新鮮さを維持するためには、新しいものを受け入れる余白が必要です。守るべき軸は大事にしながらも、手放すものは潔く手放して余白をつくり、そこに最先端のものを自分らしく、アレンジを加えながら入れていく。そんな精神が、永く続くブランドビジネスの神髄なのだと感じていました。

古くさくならないために、人としても余白をつくる。その余白にあらゆる年代にフィットする話題や情報が入ってくる。だからこそ、余白のある人の話は面白く、話していても楽しいのです。余白は、ユーモアのふくらし粉となります。

大人になってからの褒め言葉で嬉しいのは、「話が面白い」と言われることではないでしょうか。特に関西では、「面白い」は、最上級の褒め言葉でした。

大人の品のある面白さは、「funny」（ファニー）ではなく「interesti

ng」（インタレスティング）。話にユーモアがあり、まわりを明るくする人は愛されます。そんな大人は、いつも人に囲まれていて、孤立とは無縁なのです。

孤独と孤立は別物。孤独を愛する大人は凜としていて格好いいものですが、孤立してしまうと寂しいだけです。いつも余裕がなく一杯一杯の人、疲れている人には、誰もが距離を置き、話しかけにくいものです。人が声をかけやすい、話しかけやすい余白があることも、大人としての魅力のひとつではないでしょうか。

## ④賢そうなのにひけらかさない

難しいことを難しく言うのは簡単ですが、難しいことをわかりやすく伝えることは簡単ではありません。

賢そうなのに、それをひけらかさない。そんな人は誰からも愛されます。専門用語ばかりを使って話されると、全く理解できませんし、だんだんと聞く気持ちが萎《しぼ》んでしまいます。また、ＩＴ用語や英語などを多用されると、一瞬、脳がフリーズします。

東京で仕事をするようになり、「デフォルトでお願いします」「このフェーズでは……」「エビデンスは何でしょう?」などの会話は当たり前で、びっくりしたことを覚えています。

「ダイバーシティ」という言葉も当時、後輩が「お台場のことかと思いました」と冗談を言って、皆で大笑いしました。

わかりやすく伝えるには、漢字ではなく平仮名を使います。

「離席中です」と言われると、頭の中でいったん、漢字を平仮名に変換してから意味を理解することになりますので、「席を外しています」と言った方が親切だと思います。

また、販売員のときの研修での、「小学５年生にもわかるようにプレゼンする」というトレーニングも勉強になりました。相手が初めて聞く話は、「これ以上、ゆっくり話せない」と思うくらいのスピードで丁度いいとも言われています。毎回、同じ説明を何度も繰り返していると、どんどん早口になっていくからです。自分にとってはすでに数百回目の説明なのですが、相手は初めて、1回目なのです。それをつい、忘れがちです。

一期一会だということを肝に銘じ接客します。賢い人ほど、上から見下ろすような言葉はつかいません。驚くほど、謙虚です。

あるお客様は、「50を過ぎたら言葉に気をつけないと老害になる」とおっしゃい、55歳で後輩に道を譲り、潔く引退されました。地位も名誉もある方でしたが、謙虚で気さくな飾らない人柄。言葉のつかい方がきれいなだけでなく引き際もきれいでした。

そのお客様は、手紙も挨拶も「短く丁寧に、そして誠実さが一番大事」とおっしゃっていたことを思い出します。だらだらと話が長いことは、何より嫌がられるとわかっていらしたのでしょう。言葉数は多くなくとも頭の回転が速く、かつ鋭く、「なるほど」と本質を言い当てる発言に、ファンも多かったのです。

知性や美貌、自分が持っているものを、決して「ひけらかさない」。

これも大事な品性だと思います。

## ⑤温泉のような温度感で話す

「品とは欲のコントロール」だと言った、お坊さんがいました。

例えば、食べ放題のレストランで自分の食べきれる量以上のものを取って残してしまう。これでは、品がないと言われても仕方がありません。

それでは、「品のある話し方」とは、どんな話し方なのでしょう。

どんなときも自分の感情をコントロールできる品性が、やはり必要だと思います。前作『大人女子の小さなマナー帖』にも書きましたが、エレガントな人に、いつも平熱です。

話し方も常温。心地よい温泉のような温度感が理想です。

皇室の方々の話し方はお手本になります。

園遊会などでの映像をお見上げしても、いつも膝を折り、相手と同じ目線で話されます。

憧れのお客様も、私とは住む世界が違うと思い、一定の距離を置いて接していましたが、私のところまで降りてきてくださるのです。

失敗をしても、「私もよく、同じことをしたわ」と言ってくださったり、間違ったときも、「気にしないでね」と笑ってくださいました。その言葉に、どんなに助けられたか計り知れません。

そして、皇室の方々と同じように、人の話を聞いているときや、話し終わったとき、必ずきゅっと口を閉じるのです。少し口角を上げ気味にする。これも共通点です。話し終わったら、句点で口を閉じる。そして、テーブルにそっとコップを置くように、相手の胸のテーブルに言葉をそっと置く。それを見届けたら黙って微笑む。

「置いた」と確認したら、口元をきゅっと上げるのです。

そんな美しい口元だからこそ、美しい言葉が美しい声となって届けられます。まずは話し終わったら、口元をきゅっと閉じることから意識しませんか。

## ⑥やさしい表情を意識する

コロナ禍でマスクをしている時間が長いと口元が見えず、相手の表情や感情が読み取りづらいと感じていました。口元を見せることが、円滑なコミュニケーションの入り口だと感じた方も多かったのではないでしょうか。

マスクをしていると、見えているのは、眉と目。ですから、できるだけ感情を眉と目で伝えるよう意識していました。

平安時代、貴族は自分の眉を抜いて、それより上に眉を描いていました。これは、位の高い人は感情を表に出さないことが美徳とされたからであると聞きました。それくらい、眉は感情を表すのです。

眉間に皺《しわ》が寄る、眉がつり上がる、または、眉尻が下がるなど、眉は感情が読み取れるパーツでもあることから、私はコロナ禍に登壇するときは前髪を上げて、眉を見せて受講者と向き合い、コミュニケーションを取るようにしていました。

そして、マスクの下でも、笑顔は1・5倍を意識しました。たくさんある表情筋の中でも、頬の筋肉を動かすように口角を上げると、目元も自然とやさしくなるのです。

表情筋が凝り固まっていると、「無表情」となり、相手は警戒してしまい距離を縮めたいとは思わなくなります。人は、防衛本能が強いので、「何を考えているかわからない」と感じる人を無意識に遠ざけるからです。

表情筋を動かすと、上の歯が見えます。そうすると、たとえマスクをしていても、相手は「笑ってくれている」「笑顔を浮かべている」と感じて安心するのです。

好感度の高い人は、この表情筋がやわらかく、よく動きます。

私は、朝、歯磨きをしながら、表情筋を動かすことを習慣にしています。

表情筋も筋肉なので、日々、動かし、鍛えないと退化します。

口角を上げて声を出すと、人が心地よさを感じる３０００ヘルツ付近の周波数になると聞きました。口角を上げると、好感度も上がるのです。

いかがでしょうか？

この６つが自然体でできるようになるには、少しハードルが高いと感じられた方も多いかもしれません。けれど、私が出会った素敵な「話し方」「伝え方」をされるお客様たちも、最初から、うまくできたわけではないと思います。

お客様は、いつも「一期一会ね」とおっしゃいました。

今、このとき、この人と出会い、共に時間を過ごしていることは奇跡なのです。

すべての出会いに意味があるとすれば、「今を大切にしたい」「この出会いに感謝したい」という思いが素敵な「話し方」「伝え方」として熟成されていったのでしょう。

本書には、大切な読者の皆様が、大事な一期一会の人生の場面で、大人の女性として、さらに品よく輝けるヒントをちりばめました。

大人の女性としての素敵な話し方をマスターして、余白のあるコミュニケーションができる幸せな時間を積み重ねませんか。日々の素敵な話し方は、人生を変えるのです。

Contents

Part 3

# 慕われる人の軽やかな言葉づかい

# Part 3 印象の変わる小さなこと

Part 4

# 雑談を楽しむ小さなコツ

Part 5

# 大切な場面で話すときに

## Part 6 心地よく「伝える」話し方

# Part 1

# しっかり受け止める話し方

For ladies

OI

# 聞くことはおもてなしの入り口

ハイブランドショップは、一流のおもてなしを求められる場所でもあります。入社前、「一流のおもてなし」は、私にはとてもハードルが高いものだと思っていました。

おもてなしとは単に接客のことではなく、心のこもった接遇のことです。そこに「心」がなければ、単なる販売ロボットでしかないのです。

まず、先輩から教えられたことは「相手の話を全身で聞くこと」でした。セールストークを教えてもらえると思っていた私は、拍子抜けしたことを覚えています。

まずは、お客様の心に寄り添い全身で話を聞くことが、おもてなしの入り口だったのです。

セールストークがどんなにうまくても、お客様の話を全身で聞くことができなければ、お客様は、「売りつけられた」「感じが悪い」「もう二度と行かない」と不満を感じることになります。

心理学では、「楽しかった」と感じるときは、「相手が一生懸命、話を聞いてくれたとき」だと言われています。承認欲求が満たされるのです。

人は、誰でも承認欲求があります。

「自分を認めてほしい」という気持ちです。相手が自分に共感してくれると、自分の存在を肯定されたと感じ、承認欲求が満たされます。

「いいねボタン」がこんなに皆から支持され、メジャーになったのは、誰もが「いいね」と言ってもらいたいからなのでしょう。

「この店にいるときは気分がいい」とお客様に感じてもらうには、承認欲求を満たすことです。〇〇さまと、お客様の名前を呼ぶ。持ち物や服装、話に興味を持ち、「あなたの話を聞きたい」という気持ちで向かい合います。

お客様に「楽しかった。また来よう」と思ってもらいたい。そのために磨くべきものは商品の知識やプレゼンスキルより、まずは、積極的傾聴のスキルなのです。

「ひと言も聞き逃さない」という気持ちがあれば、「あなたの話を聞きたい」という思いが自然と相手に伝わります。

自分の話を楽しそうに聞いてくれたとき、誰もが、幸福感で満たされます。

これは、日常のコミュニケーションでも同様です。

「人の話を全身で聞くと、お腹が空く」というのは、私の持論です。

自分の好きなことを自由気ままに話すより、相手の話に興味、関心を持ち、全身で聞く方が集中力を要す分、エネルギーが必要だと感じていました。

私は、販売員のとき、全身でお客様の話を聞けたと思う日は、ご飯をおかわりしていたのです。いつもより、お茶碗一杯分のエネルギーを使っていると思いました。ご飯をおかわりした日ほど、売り上げはよかったのです。そして、たとえ売り上げに繋がらなくとも、後日、足を運んでくださるお客様が多くなり、徐々に私を指名してくださるお客様が増えていきました。

今、「話し方」に悩んでいる方は、まず、「相手の話をお腹が空くくらい聞いた」と思う日を増やすことで、コミュニケーションが変わってくると思います。

「ぜひ、そのお話を聞きたいです」「もっと、知りたいです。教えてください」と素直に言葉にして伝えてみませんか。

そうすると、自然と会話は弾み、あなたは、「話させ上手」な人として評価が上がります。
そうすれば、相手も自分もハッピーではないでしょうか。
「今日もご飯が美味しい」と思える日が増えるのです。

Point

感じがよくて、きちんと見えるポイント

**まずは「話させ上手」を目指す**

For Ladies

02

# 肩から20cmうなずいて聞く

「全身で聞く」とは、どんな聞き方なのでしょうか。

自分では一生懸命聞いているつもりでも、無表情、無反応、無言では、相手は、壁に向かって話しているような虚しさを感じます。

「聞いていないな」「私の話はつまらない」と思わせてしまい、話すことをやめてしまうでしょう。

笑顔もあいづちも苦手、うまくできないという方は、たったひとつ

「肩から20㎝うなずく」だけでいいのです。

ふんふんと顎《あご》だけを動かすのではなく、3回に1回、肩から大きくうなずくように20㎝動かすのです。

それだけで、相手は「深く共感してくれているな」と、気持ちよく感じます。

こんなことがありました。

ある企業の新人研修で、私は研修講師の大役を拝命しました。皆、ピカピカの一年生といった初々しさで、真面目で素直、ややおとなしい感じもしましたが、決して悪い印象ではありませんでした。

冒頭の代表の話を聞く時間も、皆、静かに聞いていました。

その様子を観察していると、何となく「家の中でTVの中の人が話しているのを聞いているような受け身の態度」に思えたのです。昨日まで学生だったのです。仕方がありません。

代表も何か感じるところがあったのか、私に、「今年の新人、大丈夫かな?」と不安を口にしたのです。

そこで、私は新人の皆さんに、「代表のお話、どうだった?」と聞きました。そうすると、皆、口々に「やる気になった」「感動しました」と言うのです。

そんな気持ちが伝わっていないのは、「もったいない」と思った私は、「人の話を聞くときは、肩から20㎝動かすように、うなずきましょう」と伝えました。

研修最後の日、再び、新人の皆さんの前で話をなさった代表は、「いいね。期待できるね」とおっしゃったのです。10㎝を20㎝にするだけで、人の感じ方は変わるのです。もちろん、テクニックだけではなく、「よかった」「感動した」という気持ちがあることは大前提ですが、伝わらなければ意味がありません。20㎝を意識します。

オーバーリアクションだと感じる方もいらっしゃるかもしれません。けれど、マナーには「やりすぎと思うくらいでちょうどいい」場面がたくさんあります。

よく、コミュニケーションは、キャッチボールに例えられますが、ボールを投げる前は、「おーい！」「いくわよ！」と声をかけます。そして、受け手はたとえ届かなくても、全く違う方向にいったとしても、その方向に全力で走り出す。

そして、相手がうまくボールをキャッチできたら「ナイスボール！」と笑顔で伝える。こんな少し大きめのリアクションが、初対面の相手とのよい関係を築くのです。

Point

感じがよくて、きちんと見えるポイント

## 聞くときは大きい反応がちょうどいい

For Ladies

03

# 聞くときは「相手」を主役にする

コミュニケーションが「キャッチボール」であることはわかった。けれど難しい」とおっしゃる方も多いと思います。

どこに投げてもいいなら簡単ですが、「相手に届くように」「相手が受け取りやすいように」という投げ方には工夫が必要です。

それには、「相手の胸元へ」「放物線を描くように」を意識します。

これが、話し方のポイントでもあります。

相手が小さい子どものときと、高齢の方のときでは、ボールの投げ方を変えるのが当たり前のように、話し方も変えると思います。

販売員のとき、こんなことがありました。

「アルパカの毛ですから、暖かいです。アンデスの宝石とも言われています」と、新着のコートを触ったお客様に話しかけました。

しばらく黙っていたお客様は、「アルパカって?」と小声でおっしゃったのです。私が、「アルパカという動物の毛です」と答えると、お客様は、あまり興味がないという反応で、そのコートを試着することもなく、店から出ていかれました。

今思うとお客様にとっては、アルパカでもカシミヤでも関係なかったのだと思います。お客様が、そのコートを思わず触ったのを見かけたら、「触り心地はいかがですか?」と、まずは聞けばよかったのです。

「やわらかいわね。素材は何かしら?」と興味を持っていただいたら、そこで初めて、アルパカという素材のよさを説明するべきだったのです。

こんなことは、日常でもよくあります。「自分軸」の話し方です。自分が知っていることや興味があることを先に伝えてしまうことがあります。

相手がそれに興味を持ってくれれば会話は弾みますが、興味がない場合は、「相手軸」に切り替えて聞いてみます。

「あなたは、何が好きですか？」と。「私は～」ではなく「あなたは～」という会話を意識することで、主役は「相手」になります。

会話が弾む舞台は、相手が主役のときなのです。

Point

感じがよくて、きちんと見えるポイント

会話を「自分軸」から「相手軸」へ

For Ladies

04

# 「聴く」と「訊く」を意識してみる

ここまで読んでいただいた方は、「聞き方」ではなく「話し方」を知りたいと思われたかもしれません。しかし、まずは聞いてみなければ、何を話せばいいかわからない場合が多いのではないでしょうか。

まずは、話させ上手に徹します。

そもそも、会話を広げるためには、ただ聞くだけではなく、相手に質問しなければなりません。「そうですか……」だけでは、会話は終わってしまいます。

話させ上手になって、お客様との信頼関係をつくるには、2つの「聞き方」をマスターすることだと上司に教えられました。「きく」という と、「聞く」という漢字しか思い浮かびませんが、ここでは「聴く」と「訊く」です。まず、「聴く」という字には、耳に十四もの心がありま す。「大変でしたね」「よかったですね」など、いろんな心とともに聴くと、共感になります。

そして、「素直」に聴くということが大事になります。

人は、先入観を持っているからです。「このお客様、苦手だな」「この先輩とは気が合わないな」と、心の中が「先入観」という水で一杯になってしまうと、その人から素敵な粒子が降り注いできても、一杯一杯の水の表面は、その粒子を弾いてしまうのです。先入観の水は少なくすることを意識します。

素直に聴いていると、「もっと聞きたい」「ここが知りたい」というポイントが見えてきます。勇気を出して、その質問を投げかけてみます。これが、「訊く」。質問を釣り針のように、相手の心へと垂らしていき、答えや気づき、本音を、ひとつひとつ釣り上げていくのです。

共感しながら聴いていると、訊きたいことが見つかります。

インタビューのプロや優秀な販売員は、相手の本音を聞き出すことが上手ですが、この「深掘り質問」が上手なのだと思います。

深掘り質問とは、「どのように?」「どうして?」など、いわゆる5W1Hです。

販売では、「いつ、どこで、誰と、何を、なぜ、どのように」というお客様のニーズを把握すると、商品のご提案がしやすいのです。

これらの質問は、オープンクエスチョンとも言われているので、相手は自由に答えることができます。けれど、何度も「どうして?」と聞かれると、相手を追い詰めてしまい、答えられなくなることが多いので、答えづらそうにしているときは、YESかNOで答えられるような質問に変えます。

いわゆるクローズドクエスチョンです。

「この秋はどんなファッションに挑戦したいですか？」

↓「うーん……」。

オープンクエスチョンで答えられないときは、YESかNOで答えられる質問に変えます。

「今年は赤がトレンド色ですが、取り入れてみませんか？」

↓「いいわね」

「トップスに赤を持ってくるのと、ボトムを赤にするのでは、どちらがお好みですか？」

↓「どちらかといえば、トップスかな」

これは、販売だけでなく日常でも使えます。

家事を夫に手伝ってほしいときなど、

「洗濯物を取り込むか、ゴミ捨てか、どちらか手伝ってくれない？」

↓「ゴミ捨てに行くよ」

人は、「どちらがいい？」と聞かれると、どちらかを選びたくなるのです。

話すことが苦手な方は、まずは積極的に「聴く」ことで、「話させ上手」な人として評価を上げていきましょう。

Point

感じがよくて　きちんと見えるポイント

「聴く」が「訊く」につながる

For Ladies

05

# あいづちは、「さしすせそ」と「あいうえお」

あいづちは、「あなたの話を聞いているよ」という合図です。あいづちがないと、「ねぇ、聞いてる？」と言いたくなるでしょう。

話させ上手な人は、「あいづち」にも豊富なバリエーションがあります。普段使っている「あいづち」を、改めて書き出してみてください。

「うんうん」「それで？」「へえ」「なるほどぉー」「たしかに！」「うそぉ？」など、あまりバリエーションがないと感じるのではないでしょうか。

私は、お客様とのお電話で、行き違いがあったことを謝罪していると き、「そうなんですか」というあいづちを繰り返しながら、お話をお伺いしていました。

しかし、お客様は、「他人事だと思っているのね」と、ご気分を害されてしまったのです。「そうなんですか」の「か」は、突き放すような言い方に聞こえがちです。自分は関係ないという印象を与えてしまうことがあるのだと思いました。

「そうなんですか」ではなく、「そうなんですね」。

「か」ではなく「ね」にすると、共感の気持ちが伝わりやすくなります。

また、「なるほど」や「たしかに」というあいづちもよく使うのですが、「なるほど＋そうだったんですね」、「たしかに＋おっしゃる通りです」など、「＋ひとこと」がより丁寧な印象になります。

ＴＶ番組で、池上彰氏が、「いい質問ですね」を繰り返す様子を見ながら、これは、「人がご機嫌になるあいづち」だなと思いました。他には、「おっしゃる通りです」と言われると自己肯定感が上がります。

また、「鋭いですね」「気がつきませんでした」などは、尊敬の気持ちが伝わります。「あいづちのバリエーションが少ない」「とっさに何と言っていいかわからない」というときは、話を遮《さえぎ》らず、深くうなずくことを意識します。

「はいはい」「そうそう」などと、多すぎるあいづちは、逆に話しづらくなることもあります。「わかります」「いいですね」など、少なめに肯定的なあいづちをうちながら、黙って深くうなずくことを習慣にすることで、共感の気持ちが相手の心に深く届くのです。

また、あいづちに困ったときのために、「さ、し、す、せ、そ」を覚えておきます。これだけで会話が成り立つとも言われます。

「さ…さすがです」「し…知りませんでした」「す…すごいですね」「せ

…センスいいですね」「そ…そうなんですね」を繰り返すだけです。

また、口数の少ないお客様は、今、思い返してみると、次の「あいうえお」のあいづちでした。

「あ…ありがとう」「い…いいわね」「う…嬉しい」「え…えー！ ホント？」「お…教えて！」

これだけで、私はすっかり気分がよくなり、「このお客様のために素敵な商品を揃えておこう」と、いつも来店されることが楽しみだったのです。

「さしすせそ」と「あいうえお」。あいづちに困ったら、ぜひ、思い出してください。

Point

感じがよくて、きちんと見えるポイント

## あいづちの種類を増やす

For Ladies
06

# 言葉を返すまでの一拍を大切にする

入社当時のことです。せっかちな私は、先輩が話し終わらないうちに、「あ、こういうことね」と、わかった気になっていたのでしょう。先輩の言葉に自分の言葉を重ねてしまうことが多く、こんなアドバイスをもらいました。

それは、「相手の質問には、答える前に少し間を置く」ということです。相手の最後の言葉に、少しかぶせるように、フライング気味に話し出してしまうと、相手は、「話を遮られた」「最後までちゃんと聞いていない」と不満に感じるからです。

このアドバイスは、年齢を重ねた今は、さらに気をつけなくてはと意識しています。経験値が高くなるにつれ、「あ、こういうことが言いたいのね」と、ある程度、想像がつくからです。

答える前に、一拍、置くくらいのリズムが丁度いいのです。

相手：「○○ですか？」（一拍）私：「はい。それは〜」

この一拍が、「こちらの話をきちんと聞いて、理解してから答えている」と相手に感じてもらえる黄金の一拍なのです。

世の中全体がスピーディになっていて、体に染み込んでいる時間のリズムがどんどん速くなっていっている気がします。せめて、この「間の一拍」をゴールデンタイムにしたいと改めて思います。

「雄弁は銀、沈黙は金」という言葉があります。この言葉を聞くと、老齢のあるお客様を思い出します。

そのお客様は口数の多い方ではなく、ゆっくりと、少し間を置いてお話をされる方でした。帰り際、店の出口でお見送りする私の目を見て、無言でゆっくりとうなずいてくださるだけで、「満足してくださったんだな」と感じることができて、嬉しかったことを覚えています。

お見舞いやお悔やみの場など、何と声をかけたらよいのかわからないときは、相手の目を見つめ、力強くうなずくだけでも伝わる気持ちがあるのだと思います。

「的確で正しい言葉を遣いたい」と、完璧な言葉を探して迷子になってしまうことも多いのですが、沈黙は言葉以上に深い思いが届く場合もあるのです。

Point

感じがよくて、きちんと見えるポイント

沈黙もコミュニケーションになる

For Ladies

07

# 自分が話すのは3割で十分

話すことや聞くことが苦手な方に、まずご提案したいのは、「観察者」になってみてはいかがでしょうか？　ということです。

研修やセミナーでのグループワークでは、よく話し手と聞き手、そして観察者役をつくります。観察者役になると、話し手と聞き手のキャッチボールの様子を見ながら、話し手が話しやすそうにしていたか？　聞き手のあいづちは効果的だったか？　などを客観的に見ることができます。

人のキャッチボールをよく見て、投げ方や受け方を真似するのです。私たち販売員は、話しすぎないように、控えめな黒子でいるという意識がありました。主役はお客様だからです。よく、「聞くと話すは、7対3」と言われますが、3でも多いくらいかもしれません。黒子ですから、お客様のペースに合わせるようにあいづちも変化させます。

相手が早口で話すときは、「ええ、ええ」と少し早めにあいづちを打つ。ゆっくりと話しているときは、あいづちは少なめにして、「そうなんですね」と、ゆっくりとうなずく。

同じペースで反応することで、相手は安心できるのです。

これは、初対面のお客様のときも同じで、急いでいるお客様に、ゆっくり話しかけても「この人に接客してもらっている時間はない」とイライラさせてしまいます。

「すぐにお伺いします」と、はきはきと早口で声をかけ、お包みやお会計は手の空いている人に声をかけ、きびきびと動きます。

逆に、じっくりと見て、お買い物されたいお客様には、「どうぞ、ごゆっくりご覧くださいませ」と、落ち着いたトーンで、お声かけします。

まずは、普段から他の人が話している様子を観察したり、ペースを合わせたりすることで、7対3の黄金比を徐々に会得できるのではないでしょうか。

Point

感じがよくて、きちんと見えるポイント

相手のペースをよく見て話す

For Ladies
08

# 太陽のように受け止めながら話す

『北風と太陽』という童話は誰もがご存じだと思います。

旅人のマントを脱がすのは、北風ではなく太陽だった、という話です。

この童話は、上司と部下、営業職とお客様、夫婦や親子など、あらゆるコミュニケーションで引き合いに出されます。

ある経営コンサルタントのお客様の話です。

そのお客様は、中小企業の社長とのアポイントを、やっとの思いで取りつけました。その会社の経営コンサルタントとして、仕事を依頼してもらいたいと願い、何度もアプローチして、やっと時間をつくってもらうことができたのです。「夕方17時から1時間くらいなら」ということで、約束の場所に向かいました。そのお客様は、ただ、太陽のような笑顔で、社長の話を聞くことに徹したのです。

経営の悩みや課題、未来への展望など、話は1時間を超え、2時間に。そうすると、社長は、「ご飯でもいかがですか？」と場所を変えて2時間、そして、「もう一軒、行きましょう」と1時間。合計5時間、そのお客様は社長の話を聞き続けたというのです。結果、社長は、その経営コンサルタントであるお客様に仕事を依頼しました。

「この人にお願いしたい」と思うとき、「自分の話を熱心に聞いてくれる」ということは、大前提なのです。

相手の心を開くのは、太陽のような受け止め方です。

受け止め方がやわらかく、あたたかさがあれば、そこから発せられる言葉もやわらかく、あたたかく相手に届きます。

北風のように決めつけたり、断定したり、早口でまくし立ててしまうと、相手はコートのボタンを固く留め、心を冷やしていきます。

特に、「語尾」には注意です。「～にしたらどうですか？」「～であるべきですよね？」など、どんなに丁寧に伝えたとしても命令だと感じます。主観やアドバイスは、相手が求めたときのみ。「私だったら、こうするかも？」という前置きをした上で、やんわりと伝えます。

まずは、太陽のような受け止め方で相手に向かい合う。そうすれば相手はコートを脱いで向き合ってくれます。うまくいかないときは、北風のようになっていないか、自分の聞き方をチェックしてみませんか。

Point

感じがよくて、きちんと見えるポイント

あたたかく、やわらかく相手を受け止める

Column 1

# 表情と声までやわらかくする極上アイテム

## ストール

やわらかなものを纏《まと》っているお客様は、表情も声もやわらかい印象がありました。直接、肌に触れるものが極上だと、自分の肌が極上になったような感覚になります。その感覚は、自分を大切にする気持ちを育むのかもしれません。極上の触感が脳にインプットされると、心も自分も極上になれるような気がするのです。

心地よい触感のものは、自分の心をやわらかくする柔軟剤です。

気分が落ち込むときや気候が不安定なときは、触感を重視したやわらかいアイテムで、日頃から表情も声もやわらかさをキープしませんか。触感にこだわりたい、とっておきの極上アイテムはズバリ、「ストール」です。

「一生使えるファッションアイテムって、ありますか？」と聞かれたとき、私は、いつも「あえてひとつ選ぶなら、ストール」とお答えしています。極上のストールは、真夏以外の3シーズン活躍してくれますし、流行もないので長く活躍してくれる一生ものです。

薄手のシルクウール素材は肌触りがよく、一度使ったら手放せなくなります。

寒い季節は、体も心もあたためてくれます。特に首は、あたためると全身があたたまるとも言われる大事なところ。首の保湿は心の保湿です。

ストールは、コーディネイトにメリハリをつけたいと考えて、アクセントカラーや柄物を選びがちですが、いつものコーディネイトの延長上にあると考えて、グレーやネイビー、ブラウンなど、普段からよく選ぶベーシックカラーの方が、飽きずに長く愛せるでしょう。

ストールが極上なら、コスパブランドのワントーンコーディネイトでも、1点プラスするだけで高見えします。襟元がゴージャスだと、全体が格上げされるからです。

顔と洋服を繋いでいるのは首ですから、ここをワンランクアップさせます。

笑顔になれないとき、眉間に皺が寄りそうなときは、やわらかいストールから、やわらかい表情を演出しましょう。

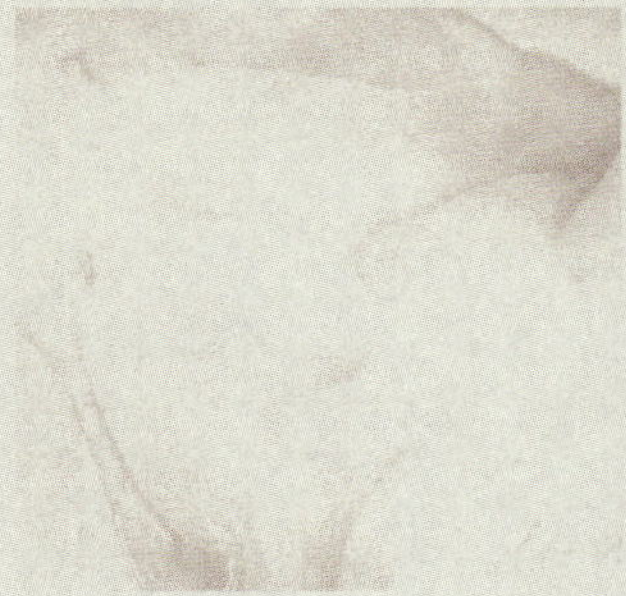

# Part 2

# 慕われる人の軽やかな言葉づかい

For Ladies
09

# 自尊心を満たす言葉とは？

私が出会ったお客様たちは、私のたわいもない話に耳を傾けてくださるだけでなく、賛同する言葉をくださいました。

ゆっくりとうなずき、「その通りね」「私もそう思うわ」と、微笑む姿は、大人の余裕が醸し出されていて、ときめきました。

また、同時に「私のことを認めてくださっている」と思えて、その日は一日ハッピーになれたのです。きっと、自尊心が満たされたのだと思います。

人は、「大切に扱われている」と思うと、心を開くのではないでしょうか。

超一流のサービスを提供しているザ・リッツ・カールトンホテルでは、「紳士淑女をおもてなしする私たちもまた、紳士淑女です」をモットーに掲げています。従業員ひとりひとりの「在り方」や「言葉」が、お客様にとってはブランドの世界観を感じる大きな要素になるのです。

「淑女とお話しする私たちも、淑女として恥じない話し方を」と思い、「お客様を大切にしているという気持ちが伝わる言葉づかい」「お客様に恥をかかせないような言葉づかい」が使命なのだろうと感じていました。

私が勤めていたハイブランドショップにはＶＩＰのお客様のご紹介でいらっしゃる方も多かったので、「お目にかかれて光栄です」「お目にかかれるのを楽しみにしておりました」「○○様から、とても素敵な方だと伺っております」と、最初のご挨拶の際、気持ちを言葉にして、丁寧に笑顔でお出迎えします。

また、お見送りのご挨拶の際も、「また、お目にかかれる日を楽しみにしております」「また、お話をお伺いできましたら光栄です」と、次に繋がる挨拶で締めくくります。

相手を敬い、大切にする気持ちは人として尊いと感じますし、自尊心を満たす言葉は、自分も相手も大切にする言葉です。

言葉を大切に扱うことは、大切に生きることでもあります。

Point

感じがよく、きちんと見えるポイント

相手を敬い、大切にする言葉を使う

For Ladies

10

# 真面目な人ほど「相手を頼る言葉」を

当時、憧れのお客様が来店されると、いつも「よし、頑張ろう」「お役に立ちたい」と思えたのは、お客様のこんな言葉があったからでした。

「頼りにしてるわ」「あなたでよかった」「〇〇さんだからよ」

これらの言葉は、私に重要感を持たせてくれました。「私のことを重要だと思ってくれている」と思うと、人は喜んで働くのだと思いました。

仕事を通して、誰かをほんの少しでも幸せにできれば、やりがいに変わるのだと実感したのです。

販売の仕事が特に好きだったわけではありません。けれど、お客様のひと言で、やりがいを持てる仕事へと変わっていきました。

ちっぽけな自分でも、小さな工夫と小さな気づかいを繰り返せば、頼りにしてもらえることに喜びを感じていったのです。

人は、頼りにされたい生きものなのだと思います。

つい、「私がやらなくちゃ」「しっかりしなくちゃ」と考えがちですが、誰の手をつかむことなく、ひとりで落ちていってしまう頑張り屋さんを何人も見てきました。責任感が強く、真面目な人が多いだけに、とても残念な気持ちになります。

私も頑張りすぎているときは、誰にも気持ちを打ち明けられず、目一杯抱え込んで肩に力が入り、心も体も固まり、縮こまっています。そんなときは、大きく深呼吸。特に吐く時間を長く、少しずつフーッと息を吐き出します。

心の中の「～しなければ」をすべて吐き出し、心に余白をつくります。心は軽くて、「からんころん」と音が鳴るくらいで丁度いいのです。

「お願いしていい？」「助けてね」「甘えてもいい？」と言葉にすることで、「からんころん」と、軽やかな音が聞こえてきます。両手の荷物を下ろして、誰かの手を握りましょう。

甘えないことは、相手の力量を軽く見ていることと同じです。

「この人には任せられない」「自分がやった方がうまくいく」という気持ちが、どこかに隠れてはいませんか。

あなたに、心地よい軽やかな音は聞こえてきていますか？

Point

感じがよくて、きちんと見えるポイント

「お願い」の言葉は相手を認める言葉

# わざわざ伝える「ありがとう」の思い

人付き合いは、ほんの小さなことが大きな違いを生むのかもしれません。

普段から、小さな「ありがとう」を言葉にして伝えていたお客様は、ハッピーポイントがどんどん貯まっているので、キラキラした慕われオーラを纏っていて、人生を変えるようなキーマンを引き寄せていきました。

困っているときや助けてもらったときは、当然、「ありがとう」と言いますが、お客様は、感謝すべきことを見つけて「ありがとう」とおっしゃるハッピーポイントを貯める力に長《た》けていらしたように思います。目立たないところで、重要な役割を果たしている人たちへ思いを馳せ、感謝の言葉を伝えるために、時間と労力を惜しみません。

秘書の方が食べてみたいと言った限定品のお菓子の発売日に朝から行列に並んだり、運転手の方のご家族の誕生日を忘れず、お花とお手紙を贈ったりと、日々が感謝デーなのです。

「毎日、3人にありがとうを伝えるということをしていたら、運が開けた」と教えてくださいました。ランチに行った料理店のサービスの方、車の整備をしてくださった方、荷物を運んでくれた宅配便などの方に小さな「ありがとう」を忘れないのです。

特に家族や友人、仲間には、「言わなくてもわかっているだろう」と、感謝を言葉にしないことが多いものですが、感謝は言葉にして伝えて初めてお互いの存在の大切さを味わえるのです。
そのお客様は、ご主人にもお子様にも日常的に「ありがとう」を伝えていて、その感謝の言葉が、ご主人やお子様を成功の道へと押し上げ、夢を叶えていったのです。どんな言葉より、小さな「ありがとう」の積み重ねが大きな幸せを引き寄せます。

まわりの方を改めて見直して、今日も3人に小さな「ありがとう」を伝えませんか。自分自身も「ありがとうということが嬉しいという気持ちを込めて言うだけ」です。

「ありがとう」をタイムリーに、心から目を見てはっきりと、笑顔で伝える習慣が身につけば、人生は大きく輝き出すのかもしれません。

Point

惑じがよくて、きちんと見えるポイント

## 1日3人に「ありがとう」を伝える

For ladies

# 12

# お礼上手は品格美人

メールでのやりとりが連絡の主流の世の中となりました。

すでにメールで「ありがとうございました」と感謝を伝えた人でも、次に会ったときには改めて「先日は、ありがとうございました」と直接お礼を伝えることは、当たり前のマナーだと思ってきました。

けれど、近年は「ありがとうございました」と言うと、「?・」という反応をされることも多く、メールでのやりとりで完結したことは、「もう終わったこと」と認識されているのだと気づきました。

特に若い世代とのコミュニケーションはメールが主体なので、職場でいきなり話しかけたり、電話をしたりすると、びっくりされるようです。

メールも対面も「同じコミュニケーションの場」だと考えられているのかもしれないと実感します。

けれど、私個人としては、「先日は、ありがとうございました」のひと言は、相手とのコミュニケーションのきっかけになる言葉でもあり、嬉しかったことは何度伝えてもいいのではと思うので、どんな時代になっても続けていこうと思っています。

また、忘れがちなのは、相談で時間を割いていただいたとき、「こうしようと思います」「こうしました」など、経過や結果とともにお礼を伝えることです。

「わざわざ電話をして、私が訪問することを伝えてくれた」「参考になりそうなURLをメールで送ってくれた」など、手間をかけたこと、動いていただいたことには、相手の時間や労力をいただいたのです。

結果、その通りに物事が運ばなかったときも、報告とお礼を伝えることが大事かなと思います。お礼は、早いことが鉄則。鉄は熱いうちに打てと言いますが、メールも熱いうちに打つことで温度感が伝わります。

例えば
「昨日は、私のために貴重なお時間を頂戴いたしましてありがとうございました。〇〇さんのお話を伺って大変勉強になりました。

考えていたことについても、一筋の光が見えたように思います。また、ご報告いたします。

取り急ぎ、お礼までで失礼いたします」

ポイントは、相手の時間をいただいたことへのお礼と、どのように感じたかの具体的な感謝の言葉を伝えることです。相談ごとは、その場ですぐに解決しないことが多いので、その後の報告を忘れないことも大切だと思います。

また、お礼上手な人は、贈り物をいただいたとき、ごちそうになったときのお礼の言葉に品格とあたたかな人柄を感じます。例えば、贈り物をいただいたときのお礼は

「先日は、豪華なフルーツバスケットを贈っていただき、ありがとうございました。早速、朝食のヨーグルトと一緒にいただいたのですが、いつもの朝の食卓が一気に華やかになりました。家族も旬のフルーツに喜んでおりました。いつもお心遣いをありがとうございます」

具体的に贈り物が届いたときの情景が思い浮かぶようなお礼を伝える描写があると、贈った方も「気に入っていただけてよかった」と嬉しい気持ちになります。

ごちそうになったときのお礼は

「昨晩は、ごちそうになりまして、ありがとうございました。美味しいお料理を味わい、○○さんとの会話も楽しく、贅沢な食事のひとときでした。すべてのお料理が美味しかったのですが、特にめずら

しい△△の味が忘れられません。

次回は、ぜひ私にごちそうさせてくださいませ。

また、お会いできますことを楽しみにしています」

食事だけでなく、相手との時間が楽しかったことを添えることが大事です。具体的に何が美味しかったかもお伝えすることで、お礼だけでなく満足感も伝わります。

お礼の言葉を早く、丁寧にあたたかな言葉で伝えられる人には、品のある大人の美しいマナーを感じます。

Point

感じがよくて、きちんと見えるポイント

報告やお礼に人柄が表れる

For Ladies

# 13 褒め上手な人がしていること

「褒めプロ」（褒めるプロ）と呼ばれていたお客様がいらっしゃいました。そのお客様にお会いすると、スタッフの誰もが「今日も褒めてくださった」と嬉しそうに言うのです。

とってつけたような見え透いた褒め言葉ではなく、基本に、「褒める＋ありがとう」。

「あなたの元気な顔を見に来たの。いつも気分が明るくなるわ。ありがとう」

「細かいところまで、よく気がついてくれて助かるわ。ありがとう」

「自分では思いつかないコーディネイトだわ。ありがとう」など、私たちは接客しながら、「褒めプロオーラ」を浴びて、どんどん笑顔になっていったのです。

また、「褒めプロ」のお客様の笑顔も、群を抜いていました。

並大抵の笑顔ではありません。例えるなら、「こんにちは！」と笑顔で声をかければ、幼稚園児がわーっと集まってくるようなレベルです。

ご来店されるたびに、笑顔全開のオーラは伝染し、私たちが元気をいただいていたのです。

褒めることが上手な人は、相手のことをよく見ています。そんなに親しくない間柄なら、まずは見た目や持ち物に注目します。

私が休憩に向かう百貨店の通路で出会ったとき、そのお客様が私の持っていたランチバッグを見て、「夏らしくて素敵ね。とても爽やか」と最上級の笑顔で褒めてくださり、自分自身が爽やかな存在になれた気がして嬉しかったことが印象に残っています。

長く一緒にいる相手なら、行動（事実）ベースで伝えます。

「あのとき、誰よりも先に来てくれて嬉しかった。ありがとう」など、「事実描写＋ありがとう」です。

最近は、メールやLINEでのリアクションも、ちょっとした工夫で、より気持ちが伝わると感じます。例えば文末の「。」は、「怒っているのでは？」と若者には捉えられることもあると、話題になりましたが、確かに、遅刻してしまいそうなとき、「すみません！　電車の遅延で10分くらい遅れます」とメールしたとして、相手に「了解です。」と返してもらうより、「了解です！」と返してもらった方が、安心できます。

嬉しいときも、「嬉しい」より、「わー！　嬉しい」と、心の声を表現した方が、より嬉しさが伝わる気がします。絵文字がこんなにスタンダードになったのは、文章に感情を持たせることができるからでしょう。

リアクションには人柄が出ます。「。」が悪いわけではありませんが、相手に合わせて心の声を表現する工夫ができることも、年齢を重ねたからこそできる好かれる大人の気づかいかもしれません。

Point

感じがよくて、きちんと見えるポイント

見ているからこそ生まれる言葉を

For Ladies

14

# 価値観の違う人こそ、共感から入る

ある昼時のカフェ、制服姿で先輩と後輩と思われる二人がランチをしています。こんな会話が耳に入ってきました。

後輩「粗大ゴミを出すにも、お金ってかかりますよね」

先輩「それは、そうでしょ」

後輩「ものが多くて、なかなか片づかなくて……」

先輩「引っ越しって、そういうものよ」

後輩「……」

この会話、あなたはどう感じましたか？　後輩は、先輩の言い方を威圧的に感じたのではないかと私は思いました。

どう言えば威圧的にならず、寄り添えるのか考えてみました。

キーワードは、「共感＋相手の言いたいことの代弁」です。

後輩「粗大ゴミを出すにも、お金ってかかりますよね」

先輩「そうだよね！　たとえ1個300円でも10個あれば3000円だものね」

後輩「ものが多くて、なかなか片づかなくて……」

先輩「わかるわ！　引っ越しのときって、こんなにものがあったのってビックリするよね」

もし、後輩にアドバイスを求められたなら、最後に「私ならこうする（こうした）」を付け加えます。

先輩「そうだよね！　たとえ1個300円でも10個あれば3000円だものね。私が以前、利用したリサイクルショップに持ち込んでみる？」

　または、

先輩「わかるわ！　引っ越しのときって、こんなにものがあったのってビックリするよね。まずは、一番片づけたい場所を一箇所だけ決めて、そこをまず徹底的に片づけることをオススメするわ」

　というような「共感＋相手の言いたいことの代弁＋アドバイス」です。

　この順番は、ビジネスシーンでも、年下の人への話し方、上からにならない話し方のポイントになると思います。

　私がVIPのお客様の接客をしていたとき、どんなに地位の高い方でも威圧的な話し方だと感じたことはありませんでした。

　今、考えてみると、私のコーディネートの提案や、オススメのものののセールストークを否定されたと感じたことがなかったのです。

　例えば

私「新作のバッグが入荷しました。このイエローが店舗の限定色でオススメです」

お客様「春らしくていいわね。持っていない色だわ。どんな風に合わせて持てばいいのかしら？」

まずは否定せず、共感してから私の提案に耳を傾けてくれたのです。

これは、ビジネスシーンでも大事なポイントです。

後輩のレポートが、自分の考えていたものとかけ離れているとき、私はコミュニケーション不足を感じました。

「どうして私の指示とは違うものが出来上がってしまったのかな？」と不思議に思うのですが、相手の頭の中は覗けません。

「私、ちゃんと言ったよな……」という心の声は封印します。

コミュニケーションが、ねじれて伝わるのは当たり前なのです。

例えば、「ウチの、わんちゃんがね」と相手に言われたとき、頭に浮かぶ犬の種類は、人によって様々です。

「どんな、わんちゃんですか?」と、その場でまず確認しなければ、話が進んでいくにつれ、ボタンの掛け違いが起こります。

前述のレポートでも、指示と確認はセット。

こちらの指示を自分の言葉で、言い換えてもらいます。「こちらの意図がちゃんと伝わっているか」と、言葉での確認が必要で、双方向のコミュニケーションがあって、初めて同じわんちゃんの絵が浮かぶのです。

人は、誰もが経験や価値観というフィルターを通して、相手の話を聞いていますから、相手のフィルターは、どんなフィルターなのか? を想像することが欠かせません。

特に、年齢が離れているほど、このフィルターは全く違います。

当たり前や常識が異なりますから、まずは、どんな「当たり前」を持っているのか、興味を持って聞いてみなければ相手のフィルターは見えてこないのです。

自分のモノサシやフィルターも更新していかないと使えなくなることを知っていることが、「大人の言葉づかい」へと変えるポイントかもしれません。

私にとって、VIPのお客様との会話で特に印象的だったのが、この「当たり前」の違いです。美意識の当たり前、大人としての当たり前など、当たり前のレベルの違いと高さに刺激を受けました。

相手が、「何を当たり前としているか」を聞き、尊重することで、話し方はワンランクアップするのです。

Point

感じがよくて、きちんと見えるポイント

「当たり前」の違いに気づく

For Ladies
15

# 同じ意味なら気持ちのいい言葉を選ぶ

メールでのやりとりが電話よりも主流となり、特に目上の方や年配者へ送る文章には、失礼のないように、尊敬の気持ちが伝わるようにと、何度も読み返してから送信ボタンを押すのではないでしょうか。

メールは温度が伝わりづらいので、より丁寧さが必要だと感じます。

やはり、ポイントは謙譲語の使い方です。

謙譲語とは、自分がへりくだることによって、相手を立てる言葉づかいです。

「お菓子をもらう」→「お菓子をいただく」と謙譲語で表現すると、両手でお菓子を受け取り、お辞儀をしている様子が目に浮かびます。

また、尊敬語である「くださる」も販売員時代にお客様への敬意を込めて使っていました。

「教えてくださり、ありがとうございます」

「足をお運びくださり、ありがとうございます」

「くださる」は、こちらが深々と頭を下げて、敬う気持ちを表現できると思います。

このように、高さや姿勢、温度を感じる言葉をプラスすることで、尊敬の気持ちが伝わるのではないかと思います。

また、つい使ってしまうのが「若者言葉」です。

耳慣れているので、「当たり前」のように感じますが、私の出会った品格のあるお客様は流行語とは一線を引き、美しい言葉をつかわれました。

つい日常で使ってしまう、言葉を美しく言い換えると次のようになります。

「可愛い」↓「愛らしい」

「ウケる」↓「面白い」

「すみません」↓「恐れ入ります」

「すごい」↓「この上ない」

また、上司や目上の方にはより尊敬の気持ちが伝わる言葉をつかいます。

「いただきます」↓「頂戴します」

「さっき」↓「さきほど」

「わかりました」↓「かしこまりました」
「大丈夫です」↓「差し支えありません」
「行きます」↓「伺います」「参ります」
「見ました」↓「拝見しました」
「知っています」↓「存じております」

普段、何気なくつかっている言葉も、言い換えるだけで大人の品が感じられます。

言葉づかいは、その人の品性が滲み出るもの。

年齢相応の言葉づかいを意識するだけで、凜とした佇まいを感じられる存在になれるのです。

美しい言葉をつかう人には、美しい佇まいの人が集まってきます。

まずは、自分が美しい言葉づかいを意識するだけで、人間関係は変わっていきます。

私は、美しい言葉づかいをなさるお客様と接することで、背筋が伸びるような感覚になりました。見た目や身だしなみといった目から入る要素が、第一印象のプロローグなら、話し方や声といった耳から入る第二印象は、本章かもしれません。

読後感のよいストーリーとして、今も心に残っているのです。

まずは、きちんとした言葉づかいから、大人としての品を身につけていきたいものだと感じます。

言葉は、人として私たちが持っているギフト。美しいリボンでラッピングしたギフトを届け続ける人生を送りたいなと思います。

Point

感じがよくて、きちんと見えるポイント

年齢にふさわしい言葉を意識する

For Ladies
16

# 話し方と人生の幸福度

「人はパンのみにて生くるにあらず」という言葉があります。

お腹が一杯になるだけでは、人生の本当の喜びは感じられないということなのでしょう。パン以外に必要なものはと考えたとき、やはり人との繋がりかもしれません。

多くの人と繋がるのではなく、本当に必要な人と深く繋がっている人は、人生の深い喜びに満ちている気がします。

たくさんのお金を持ち、高い地位にあるお客様たちの中には、誰も近寄れない孤高の雰囲気があり、『裸の王様』の物語を彷彿させるような方がいらっしゃる一方で、本書でご紹介したような、誰にでもやさしく謙虚で、私たちのところまで降りてきて、あたたかく寄り添ってくださるお客様もいらっしゃいました。

どちらも人生の成功者であることは間違いないのですが、幸せそうに見えるのは、圧倒的に後者のお客様でした。

年齢を重ねて感じることですが、人は晩年は赤ちゃんへと戻っていきます。

還暦に赤色を身につけるのも、赤ちゃんに返るという意味もあると聞きました。人は動物ですから、生きものとしての限界があります。ひとりでできないことが多くなり、誰かの助けを借りたり、誰かにお願いすることが多くなります。

そんなとき、「あなたのためなら喜んで」と心から言ってくださる方が、まわりにどれだけいるかで、人生の幸福度は変わるのではないでしょうか。

　生きものとしての晩年は、どこかのコミュニティに属するしかないと、私は思っています。人はひとりでは生きていけないことを、改めて実感するからです。

　若い人には、あまりピンと来ない話かもしれませんが、母が入院したリハビリ介護病院でも、誰もお見舞いに来なくて、病院のスタッフとのコミュニケーションもうまくいかなくてイライラしている人と、いつも来客が絶えず、病院スタッフとも楽しそうに談笑している人がいる様子を目の当たりにしました。やはり多くの方に囲まれている人の方が快復度も早いような気がすると、母は話していました。

　新入社員のとき、「コミュニケーションスキルが仕事の良し悪しを左右する」と言われて社会人をスタートしました。そして、人生の最後もまた、小さなコミュニケーションが日々を彩り、あたためてくれるキーワードなのだと、母の話を聞いて実感したのです。
コミュニケーションスキルは、死ぬまで磨き続けることで財産になります。
「私の財産は人です」と胸を張って言えるまで、磨いて、また磨く。
いぶし銀のように磨かれたコミュニケーションスキルの光で輝く人生。
そんな人生はどんな金メダルより誇らしいのです。

Point

感じがよくて、きちんと見えるポイント

何歳になっても話し方を磨く

# Part 3

# 印象の変わる小さなこと

For Ladies

17

# しっかり目を合わせる3秒で印象が変わる

「感じのいい方だな」という出会ったときの第一印象は、わずか3秒から7秒、長くても20秒程度で決まるそうです。

その3秒の印象が、最後まで持続する確率は、8割以上と言われています。

私が出会った素敵なお客様は、店内にいらっしゃったとき、「こんにちは」と声をかけると、にっこりと会釈をしてくださいました（「いらっしゃいませ」ではなく、友人を自宅に招いたときのような笑顔で、「こんにちは」とお声かけすることがブランドの接客ルールでした）。

そして、ゆったりと店内をご覧になり、商品をむやみやたらに触ったりせず、「あのバッグを見せてくださいますか？」と、こちらに体を向け、丁寧に声をかけてくださいます。

話しはじめのトーンや、バッグを丁寧に扱ってくださる所作は、とてもエレガントでした。

「どうぞお鏡で合わせてみてください」と伝えると、「ありがとう」とおっしゃり、「素敵ね」と、あいづちや返してくださる言葉もポジティブでした。私が話しているときもまっすぐに私の目を見てくださるので安心できたのです。

最初の3秒で「すごく感じがいい方だな」「やさしい雰囲気の方だな」「安心できるな」と感じたお客様とは、長いお付き合いになることが多かったと思います。

出会いの3秒で、深く繋がる糸口ができるのです。

3秒で感じた「素敵な人だな」という感情は残り続けます。そんなお客様にはポジティブな伝染力があり、こちらにも「この方と話せて嬉しい」という気持ちが生まれ、会話が弾みます。店内にそんなキラキラとした弾んだ雰囲気が充満するのか、そのお客様が呼び水になって人を引き寄せ、あっという間に店内が活気づくのです。

素敵なお客様のまわりには、素敵な方が多かったこともうなずけます。誰にでも好かれる必要はありませんが、素敵なお客様には、私たちスタッフの中でもファンが多く、そんなポジティブな空気の店内で、よいお買い物をしていただくことができた時間はお互いがハッピーだったのだと思います。

人の悩みの9割は、人間関係だとも言われていますが、日々、出会う人たちに、こんな風に思ってもらえたら、きっと人生はうまく進んでいくのだと思います。

後々、知ったことなのですが、長いお付き合いとなったお客様は、私との初対面のときの会話を覚えてくださっていました。出張帰りで大きなバッグを持っていらしたのです。私との最初のやりとりは、

「よろしければ、こちらにお鞄を置いてゆっくりご覧くださいませ」

「ありがとう」という会話だったと。

出張の多いお客様で、年中、ボストンバッグとキャリーケースでの移動が多く、出張の帰り道に、ふとショップの前を通りかかったとき、ディスプレイされていた小さなバッグに目が留まり、「週末は、小さなバッグで出かけたいな」と思い、吸い込まれるように来店されたとのことでした。

「すごく疲れていて、肩の荷を下ろすように、大きなバッグを置いてホッとできた」とおっしゃいました。

私は、そこまでお客様の心理を理解して、お声かけしたのではありませんが、初対面で、どんな言葉でお声かけするかは重要なのだと改めて

感じました。私は、初対面の、そのお客様のキラキラした、まっすぐな瞳は印象的で覚えていました。

「人の目をこんなにまっすぐ見られるのは、きっと心のまっすぐな方なんだろうな」と思ったのです。

人の話を聞くときや、人に言葉を伝えるとき、相手の目を見ることが苦手という人は多いかもしれません。何となく照れくさいと思う気持ちはわかります。

恥ずかしがり屋の方ほど、そう思ってしまいますが、「自信がないのかな?」「私のことが嫌い?」と思われてしまうので、もったいないと感じます。

相手の目を凝視しなくてもよいのです。

「ブラウン管ゾーン」と言って、アナウンサーの方がニュースを読むとき、鎖骨くらいまでのアップ画像がブラウン管に映し出されます。

その範囲を何となく見ていれば、相手からは、大きく目をそらされた印象にはなりません。

「自分の両目で相手の片目を見る」「鼻や口のあたりを何となく見る」といったことなら、できそうだと感じませんか？

大事なポイントを伝えるときだけ、しっかりと長めに目を合わせればいいのです。最初の3秒で、「〇〇様」と、親しみを込めてお名前をお呼びし、笑顔でしっかり目を合わせる。

3秒で伝わるあたたかな話し方とまっすぐなアイコンタクトが素敵な出会いを引き寄せます。

Point

感じがよくて、きちんと見えるポイント

難しければブラウン管ゾーンを見る

For Ladies 18

# 話すときの「自分の手」を意識してみる

ある管理職研修に登壇したときでした。50歳以上の男性管理職が対象の研修で、研修室に入るなり、はっと目を見張りました。驚いたことに、全員が椅子の背にもたれ、足を組み、腕組みをしていたのです。

この様子を見ただけで、「歓迎されていないな」と感じました。

その研修の目的は、部下との「1on1」の面談で部下の悩みを積極的に聴くスキルの習得でしたので、この「腕組み」を解くことが、今日の私の役目だなと思ったのです。

「腕組み」は、「無言の拒否」を表しています。人の話を聞くときに腕組みをしていると、相手は、「私の話を聞く気がない」「存在を受け入れられていない」と感じるのです。

無意識ですが、人の気持ちはまず、態度に表れます。

職場で忙しいときに後輩に話しかけられて、パソコンを見ながら、「うんうん」「わかった」と返事をしていると、後輩は、「迷惑だったのかな?」「今日は話しかけるのはよそう」と感じてしまい、大事な報告がどんどん後回しになり、最終的には自分の首を絞めることになります。

いったん、手を止めて、体ごと相手に向けるだけで、「あなたの話を聞くよ」「大事な話だよね」というメッセージが伝わります。

その上で、忙しいときは、「今、急ぎの仕事があるから、10分後に私から声をかけるね」などと、伝えます。

また、手の位置や手の使い方でも、相手の反応は変わります。

あるとき、お客様が、「いいわね」とおっしゃり、商品の説明をする私に笑顔を向けながらも、組んだ手を頻繁に動かしていらっしゃる様子を見て、「何か心配ごとがあるのかな?」と感じたことがありました。

後で知ったことですが、お嬢様の入試結果が出る日で、家にいても落ち着かなくて、「合格祝いの下見に」と店に来てみたものの、商品の説明が頭に入ってこなかったそうです。

「髪を頻繁に触る」のは退屈なとき、「何度も口元に手を持っていく」のは緊張しているときなど、手の動かし方には心理状態が表れるとも言われています。手は、言葉より雄弁なときがあるのです。

話しているときの自分の手を意識してみると、言葉や話し方はより雄弁になります。エレガントな方だなと感じるお客様は、私が話しているときは商品を触ったりせず、いったん、手を止めて聞いてくださいました。その手は、いつも指が揃っていて、とても上品に感じたことを覚えています。

話すとき、聞くときの自分の手は、自分の心を表す分身なのです。

Point

感じがよくて、きちんと見えるポイント

「手」は会話の姿勢につながる

For Ladies

19

# 心だけでなく、心臓も相手に向ける

お客様への「ファーストアプローチ」は、体の右側からお声をかけるようにしていました。なぜなら、中央からやや左寄りの位置には心臓があるので、初対面では人は無意識に防御する気持ちが働くと聞いたからです。

そして、自分自身は心臓のある中央からやや左寄りの位置を相手にオープンに向け、「あなたに敵意を持っていません」ということを示します。

これは、お辞儀も同じで、頭の後ろを見せるくらい深々とお辞儀をするのは、頭の後ろは強打すると命にも関わる恐れもある大事なところだからです。その場所を相手にしっかりと見せることで、「私はあなたに敬意を持っています」と示すためなのです。

人は動物ですから、危機察知能力があります。

一瞬で、「敵か味方か?」というセンサーは働くのです。

ですから、できるだけ早い段階で、「この人は味方だな」と判断してもらうためのアクションが必要です。

「コミュニケーションの達人」と呼ばれている私の友人のエピソードをご紹介します。

ある日、初めて出会った人に開口一番、「俳優の○○さんに似ていますよね」と伝えたそうです。相手は、「よく言われるけれど、会って6秒で言われたのは初めてです」と笑って、距離が6秒で縮まったそうです。

「コミュニケーションの達人」は、最初から心の扉が全開なのです。警戒心が微塵もありませんから、相手も安心して笑顔になるのです。

これは、自己肯定感の高い人の特徴かもしれません。「何を言っても受け入れてもらえる」という無意識の羨ましい自覚があるのです。

多くの人は、そうはいきませんからまずは笑顔。そして心臓を向けるような気持ちで歩み寄り、気持ちのよい挨拶、「Smile→Action→Talk」。

この3つを6秒でできれば、まずは上出来ではないでしょうか。

Point

感じがよくて、きちんと見えるポイント

## 初対面の人には体の右側から話す

For Ladies

20

# 挨拶に続ける言葉が関係を深くしていく

挨拶《あいさつ》のポイントは、語呂合わせで「あ……明るく」「い……いつも」「さ……先に」「つ……続けて」だと言われています。温度感を伝えるには、プラスαの「続けて、次の言葉を」の部分が大切だと思っています。

例えば、お客様をお迎えするときは

「こんにちは。足もとのお悪い中、お運びいただきありがとうございいます」

「お久しぶりでございます。お忙しい中、お立ち寄りくださりありがとうございます」など、感謝の言葉や会えて嬉しいというプラスαの言葉をもらって、嫌な気分になる人はいません。

また、名前を呼ぶことは、相手の存在を認識し、承認欲求を満たす効果があると言われています。私たちは誰もが「自分を認めてほしい」という承認欲求を持っています。

「こんにちは」の前に、「○○様、こんにちは」とお名前を呼ぶだけで、「私のことを覚えてくれていた」と、自分の存在を認めてくれていると感じるのです。初対面で相手の心をノックし、心の扉を開いてもらうためには、「あなたに会えて嬉しい」「あなたとお話ししたい」という心の温度感を伝えることとです。

「顔と名前を覚えるのが苦手です」という方も多いのですが、実は私も苦手でした。ですが、接客のときの「初めまして」で、趣味などのプライベートな話をしたお客様は、よく覚えていました。当時は、「お客様台帳」がありましたので、来店されたときにお買い上げいただいた商品を台帳に明記していました（個人情報保護法の制定前でした。今は、データでパスワードをかけた徹底管理が一般的かと思います）。

その際、「映画」や「音楽」、「旅行」や「料理」など、楽しくお話しした内容をメモ程度に書き込んでいました。特に、頻繁に来店される顧客様ですと、その台帳の書き込みは膨大になり、それを見ているだけで人物像は立体となり奥行きが出て、様々な横顔やライフスタイルが見えてくるので、担当者以外でもその人物像に興味を持つことができました。

その台帳は、スタッフ全員で共有していて、顔と名前が一致するお客様のページには、自分のマークのシール（星やハートなど）を貼ることになっていました。

自分の担当するお客様のページにたくさんのシールが貼られていると嬉しいですし、他のお客様のページにも自分のマークのシールが貼れることが楽しかったことを覚えています。相手に興味を持てば、会話も弾み、お顔とお名前が一致します。

この台帳のおかげで、スタッフ全員が「○○様、こんにちは」とお声かけすることができました。

「担当者がお休みの日でも、気持ちよく買い物ができる」と店への接客満足度が高まったのは、全員がお名前を覚えることで、あたたかなおもてなしを実現できる取り組みがあったからだと思っています。

よき人間関係は、あたたかな挨拶の後の＋$\alpha$の言葉の積み重ね。おもてなしにミルフィーユのような層ができて美味しくなっていくのです。

Point

感じがよくて、きちんと見えるポイント

## プラス$\alpha$の言葉を自分から

For Ladies

21

# 教えてもらう謙虚な姿勢で会話が広がる

私が出会ったお客様は、私より年上で社会的地位のある方が多かったのですが、年下の一販売員である私にも、「教えてね」「相談させてね」「それもいいわね」と言って熱心に耳を傾け、深くうなずいてくださいました。

私は、「サービス精神で、おだててくださっているのかな」と思いながらも、やはり嬉しかったことを覚えています。

人には承認欲求がありますから、「必要とされたい」「役に立ちたい」という心理があり、それを満たしてくれたのです。

私は、そう言われるたびに、もっと頑張ろうと思えました。

年上でも年下でも、どんな人の話にも、興味や関心にひっかかる言葉があります。

そのキーワードをキャッチしたら、深掘りしていきます。

「詳しく教えてください」「そのお話、もっと聞きたいです」

そう言われて、嫌な気分になる人はいません。

特に、無口な方や、お喋りすることが苦手な方には、その方の得意分野や専門分野のお話を「ぜひ、教えてください」とお伝えすることで、会話のスイッチが入ります。

年齢を重ねてきた私は、若い人たちに囲まれて仕事をすることが多くなりました。

「何となく気を遣わせているのかな」と思う雰囲気が伝わってくるこ

ともあります。だからこそ、「教えてね」と謙虚に接していくことが必要だと肝に銘じます。

SNSなどは、若い世代の方がうまいやり方や速くやる方法に精通していますし、最新の情報には敏感で感度も高いのです。

ある程度の年齢になれば、会話にも、かきくけこが大事なのだと思います。か（感謝）、き（気づかい）、く（寛ぎ）、け（謙虚）、こ（好奇心）です。

「かきくけこ」で、大人としての感じのよさをワンランクアップさせませんか。

Point

感じがよくて、きちんと見えるポイント

相手の得意分野が会話の糸口に

For Ladies

22

# 胸にゴールドのペンダントがあるとイメージする

「格好いいな」「仕事もできそう」――あるお客様と出会ったとき、そう感じたのは、背筋がすっとしていて、美しい立ち姿だったからです。印象的だったのは背中です。

心理学者アルバート・メラビアンの「メラビアンの法則」によると、人の印象は「見た目」の影響が大きく、実験では93％の人が話の内容そのものより、見た目や話し方、声のトーンなどに注意を向けるとされています。

どんなにいい話をしていても、「うつむき加減で自信がなさそう」「小さな声でぼそぼそ話していて怪しい」と思われてしまうと、シャッターを閉められてしまうということなのです。

この法則を理解した上で、まず、意識するべきことは、「姿勢」です。

そのお客様の鎖骨には、小さくキラッと輝くダイヤのネックレスが定番アイテムとしてありました。いつも堂々と自信に満ちたお姿も、ネックレスのようにキラキラとしたオーラに満ちていました。

ある日、私は、「どうしたら、自信が持てますか?」と聞いてみました。お客様は、「やっぱり姿勢が大事」だと教えてくださいました。

人と会うときは、「胸のペンダントをしっかり相手に見せるつもりで、自分の身長を1cm伸ばすのがコツよ」とおっしゃったのです。

それからというもの、私は「胸のペンダント」を意識するようになりました。この胸のペンダントは、実際にしなくともよいのです。イメージの中にある素敵なペンダントです。

私のペンダントのイメージは、「ゴールド色の自分の核」みたいなものだと想像しています。このゴールドのペンダントは、時に発光したり、大きくなったりして、キラキラとしたエネルギーで私を包んでくれるのです。

このペンダントをしっかりと相手に見せることで、身長が1cm伸びるように背骨がすっと長くなる。自信が持てないときも、自分が嫌いになるときも、このペンダントがあれば大丈夫。

自分を守ってくれるペンダント。そんなペンダントをあなたも胸に輝かせませんか。

Point

感じがよくて、きちんと見えるポイント

## 姿勢を意識し、堂々とした自分になる

For Ladies

23

# 第一印象を大きく変える色の力

初対面での印象は、目から入る要素が大きいことは前述でもお伝えしました。視覚は五感の中でも王様ですから、目から入る要素はとても大きいのです。

大事な方とお会いするときや、自分をアピールしたいときなど、「何色の服を選ぶか」ということは、とても大切です。「どう見られたいか」で色を選びます。

ふわっと見られたいなら淡い色を、キリッと見られたいなら強めの色を選びます。

「彩度」は、鮮やかさの度合いです。

純色と呼ばれる色はその色相の中で一番彩度の高い色なので強さを感じます。同じ赤系でも、ピンクなのか朱赤なのかで印象は違います。

私は、講演やセミナーなど、多くの方の前に出るシーンでは、普段より明るい色を選ぶようにしています。

明るさは「明度」で示され、白を多く含むものは明度が高く、黒を混ぜていくと明度は低くなります。ですので、明度が一番高い色は白、一番低い色は黒となります。

場の雰囲気を明るくしたいと思ったときは、迷いなく白を選びます。

ハイライト効果といって、顔に明るい光が当たっているように見える効果もありますし、自分の気持ちを上げるだけでなく、相手の気持ちも明るくする効果が期待できます。

色が持つイメージの代表的なキーワードは、以下のようなものです。

・赤（積極的、情熱、生命力）

↓自信を持って臨みたい場面に有効です。アメリカの大統領が赤のネクタイで演説し、強さをアピールするシーンをよく見かけます。

・紺（誠実、堅実、冷静）

↓ビジネスシーンで信頼感を抱きやすい色です。黒は「威厳」がある強い色なので、上司やお客様と一緒のときは、紺色の方がふさわしいでしょう。

・緑（安らぎ、調和、バランス）

↓難しい色だと感じる方も多いかもしれませんが、緑は葉っぱの色。どんな花の色にも馴染むバランスの取れる色。自分に似合う、安らぐ緑を探してみましょう。

・白（純粋、清潔、浄化）
↓白はどんな年代の方にも清潔感や好印象を与えます。白を誰よりも白く着る気持ちでクリーニングから返ってきたものに袖を通すようにしています。

・オレンジ　（陽気、社交的、元気）
↓コミュニケーションカラーとも言われ、オレンジを着ている人には話しかけたくなるという心理的効果もあると言われています。

相手にあたたかな温度を感じていただきたいとき、私はどこかにオレンジやオレンジ系のピンクをプラスするようにしています。
特に、顔まわりにプラスすると効果的なので、ブラウスやスカーフ、ワンピースも1着用意しておくと便利です。
事前の準備として、色からも気持ちを上げていくことで、第一印象を成功に導くことができます。

Point

感じがよくて、きちんと見えるポイント

TPOに合わせて色の力を借りる

Column 3

# 表情と声までやわらかくする極上アイテム

# ハンカチ

美しいハンカチを持つことは、淑女のマナーだと教わりました。

カフェで出会ったある女性が、目にも鮮やかなイエローのハンカチをさっと膝の上に広げた光景が思い出されます。夏のテラス席、青空と白いワンピースとソーダ水。鮮やかな一枚の絵のように、あの瞬間を思い出すのは、イエローのハンカチが間違いなくその女性の素敵な感性を象徴しているように見えたからです。

ハンカチは、意外と人から見られているアイテムです。たったハンカチ一枚で、印象は変わります。どんなに身だしなみが完璧でも、バッグから取り出したハンカチがくちゃくちゃで色褪せ、くたびれていたら、その1秒で「残念な人」という烙印が押されてしまいます。

たくさん持っていても、自分らしいもの、柄が気に入っているもの、肌触りのいいものなど、お気に入りは数枚ではないでしょうか。

私は、「小さな幸せをくれる5枚のハンカチ」をオススメしています。吸湿性がよく乾きも速く、気持ちが上がる5枚を選び抜きます。

ノーアイロンOKの形状記憶のものや、レース専門店のため息の出るような美しいもの、ドイツ製の丈夫で柄に個性のあるものなど、上質な5枚を妥協せず選び抜き、月曜日から金曜日まで「○曜日はこれ」と決めて使います。気に入ったものは、色違いや柄違いで揃えても素敵です。

美しいハンカチは、あなたを上品に見せてくれますから、自信を持ってコミュニケーションの場に向かいましょう。どんなときも、どんな人から見られても大丈夫。

たったひとつの小さなアイテムでもいいのです。妥協せず、自分が選び抜いたものを持ち歩くことで小さな自信が生まれます。

素敵な表情も人を惹きつける話し方も、小さな自信から生まれます。

5枚のハンカチをパワーアイテムのお守りにしてみませんか。

# 雑談を楽しむ
# 小さなコツ

Part 4

For ladies

# 24

# 雑談と甘いお菓子の効用

コロナ禍でリモートワークが浸透し、社内のメンバー同士の雑談が減りました。効率が上がったかといえば、そうではなく、何気ない雑談が意外と生産性に結びついていた、よい雰囲気を維持するために大事な要素だったというような記事を目にします。

出社日数が増えた今、仕事の合間の雑談がどんなに私たちの心をあたため、軽くしてくれていたかを実感したというお声も多く聞かれるのです。

雑談は、不要不急の会話かもしれませんが、大切なコミュニケーションの余白なのです。

ふとした雑談で少し距離のあった先輩と、共通の趣味を見つけて盛り上がったり、同僚と冗談を言い合うことで重かった心が軽くなったり、リモートではできなかった発見や温度感が伝わります。

今は、フリーアドレスの職場も多いので、毎日、違う場所で仕事をするのもオススメです。毎日、隣に座るメンバーが違うと、いろんな人とコミュニケーションができるので、職場で孤立しません。小さな雑談の積み重ねで、いざというときに、声をかけやすかったり、相談できる土壌が育まれたりするからです。

「〇〇さん、おはようございます」と、隣に座った人の名前を呼んで挨拶するだけでも十分ですし、ときには「あ、コンビニの新作スムージーですよね？」など、自分から声をかけてみます。

なかなか声をかけられないという人は、雑談のきっかけに、甘いものを配ることをオススメします。

コロナ禍で個別包装の素敵なお菓子を多く見かけるようになり、手軽に配りやすくなりました。

小さな甘いお菓子を午後の疲れが出る頃を見計らって、「どうぞ」と差し出すだけです。

「可愛らしいパッケージね」「ありがとう。京都のお菓子かしら？」など、小さな雑談が生まれます。疲れた心に余白をつくる雑談と甘いお菓子は、人の心をスイートにします。

Point

感じがよくて、きちんと見えるポイント

「目的のない会話」も楽しむ

For Ladies 25

# 安心感のある会話の始めかた

「出会っただけで、大好きと思うようにしている」

そうおっしゃったのは、透き通るような肌と声が特徴のお客様で、透明感と清潔感にあふれる方でした。

「出会っただけで大好き」とはなかなか思えないものですが、「なるほど」と、その言葉が腑に落ちたのは、そのお客様の透明感のある存在そのものでした。

出会った人に対して先入観がなく、包み込むような包容力が人を受け入れる器を感じさせるのです。

どんなに疲れていても、電車の中で隣の赤ちゃんに、にっこり笑いかけられると、こちらも思わず笑顔になりますが、その感覚と近いのではないかと思います。

笑顔には伝染力があるので、まずは笑顔で会話を始められたら相手は心を開きやすく、耳を傾けてくれるのだと思います。

そのお客様の「人を無条件に受け入れるような笑顔」は、どんな相手も笑顔にするのです。

笑顔は、相手の警戒心を取り除くので心の扉を開きやすく、初対面から爽やかな風が吹き抜けるように心地よい景色が広がっていくのです。

そんなお客様との会話は、天気の話から始まります。

お客様「今日は、朝から雨ね」

私「はい」

会話のきっかけとして、天気の話は、必ず投げたボールを受け取ることができます。

「雨」という今日の天気は誰もが同じ。共通点なので、「ええ」「はい」「そうですね」と答えることができます。

昔、お昼の人気ＴＶ番組の名物コーナーがありました。冒頭、観覧席のお客様に向かって、ＭＣが「今日はいい天気ですね！」と問いかけます。そうすると、全員が声を合わせて「そうですね！」と答えます。

この一往復のやりとりだけで、会場の雰囲気がぐっと温度感を増し、会場に一体感が生まれます。

「天気」は、その場にいる全員の共通点なので、天気の話題が「のりしろ」の役割を果たし、知らない者同士を結びつけます。

この「のりしろ」を見つけたいと、私は初対面の方との会話を弾ませるために、「おまけ情報」を伝えることにしています。先ほどの天気の話を例にしてみます。

お客様「今日は、朝から雨ね」
私「はい」『外でのＢＢＱに誘われていたのですが、残念です』（※）
お客様「天気のいい日は、ＢＢＱは最高ね」
私「はい」『〇〇様は、ＢＢＱをなさいますか？』
お客様「ええ。お庭でね」

「はい」で、終わってしまうと、相手は、また次の話題を考えなくてはなりません。ですから、プラスのおまけ情報として、（※）の部分のようにＢＢＱに誘われていたことを伝えてみます。
相手が、ＢＢＱに興味を持ってくれれば、ここから話題は弾みますが、もし興味がなければ、「行ったことはないです」「しないです」で終わってしまいますので、また、次の話題を振ってみます。

相手の持ち物や見た目から、共通点になりそうな話題を見つけます。

それを、褒める（認める）＋質問として「おまけ情報」にしてみます。


「可愛らしい傘ですね。折りたたみですか？」

「きれいな髪ですね。雨の日は髪がまとまらなくて。どうされていますか？」

「素敵なレインブーツですね。どちらのものですか？」


初対面では相手のことがわからないので、自分の好きなものや苦手なもの、経験談など、少しの自己開示の「おまけ」で会話は広がっていきます。「自分のことなんて、相手は興味ないだろう」「こんな話題、振っても相手はつまらないだろう」と思い込まずに、少しだけ勇気を出して、ポケットからそっと「おまけ」を出してみませんか。

その小さな「おまけ」が後に、大きな人間関係のビッグプレゼントに変わることもあるのです。

Point

感じがよくて、きちんと見えるポイント

## 勇気を出して少し自己開示してみる

For Ladies
26

# 空気を変える小さな工夫

お客様とは、いつもうまく話せていたわけではありません。時には、「聞いていらっしゃらないのかな？」と感じる空気が流れることがありました。視線が泳いでいたり、スマホをちらちら見ていたり、「ええ」「そう」と早口であいづちを打たれたりするときは、投げたボールがよどんだ空気の中で止まって見えます。そんなときは、いったん、間を置いてみます。よどんだ空気を一掃させるのです。

もし、お客様が立っていらっしゃったら、ソファにお掛けいただくなど場所を移動したり、「今朝届いたばかりの新作があります。お持ちしてみますね」などと、興味がありそうな違う話題を振ったりします。

友人との雑談なら、「ところで……は、どうなったの？」「話は変わるけど……だったかな？」「そういえば……って聞いたけど？」と切り出すことで流れを変えてみたり、ここまでの話をまとめたりして、「どう思う？」と相手にボールを投げてみるのも、空気を変えるきっかけになる方法です。

困ったときは、質問に切り替えます。質問というボールを受け取ると、「投げ返さないと……」という意識が芽生えるので、空気が変わるのです。

また、何となく気まずくなって、重い空気になったこともあります。軽い雑談だったはずが、思いのほか、深い話になってしまい、価値観の違いが明確になってしまうようなケースです。友人との会話でも、よくあるのではないでしょうか。

そんなときは焦らず、まずは受け止め、「そうですよね」「わかります」と、ゆっくりとうなずきながら、共感のあいづちを繰り返します。

そして、話を遮らず最後まで聴いたら、笑顔で前向きな感想を伝えます。

「お気持ちが聴けてよかったです」

「新しい発見がありました」などと伝えます。

重く受け止めながらも、明るく伝えることが大事です。

そして最後は、必ず、爽やかな笑顔で締めくくりましょう。

Point

感じがよくて、きちんと見えるポイント

「質問」と「あいづち」で空気を和らげる

For ladies

# 27 沈黙を自分から破る練習を

職場で「気まずくなる場所」、それは、エレベーターの中ではないでしょうか。あまり話したことのない、顔だけは知っている人と二人きりのときなど、「挨拶だけで、後は黙っていてもいいのか？」「それとも、他にも何か話した方がいいのか？」と、気まずい空気の中、微妙な間が生まれやすい空間です。

プライベートでもマンションのエレベーターで、お子さんの同級生の親御さんと乗り合わせたり、エレベーターを待つ間、同じ階の住人の方と二人っきりだったりすると、お互い黙ったまま、階の数字の点滅ランプを見ていたりします。

距離が近いだけに、黙っていると沈黙が重苦しく、プレッシャーを感じるのです。

軽やかに好印象を残す人は、こんな場合、「今日は暑いですね。30度を超えたみたいです」「午後から雨らしいです。湿気がありますね」など、天気や天候の話題を振ってくれます。

短い時間ですし、共通の話題でもある天気や天候の話題は、誰もが答えやすいのです。

「そうですね。厚手の上着を着てきて失敗でした」

「そうなんですか。折りたたみの傘を持ってきてよかったです」など、相手との短いキャッチボールが成立しやすくなります。

そして、エレベーターが目的の階に着いたら、「では、また」「失礼します」「いってらっしゃい」と笑顔で挨拶します。

外国の方とエレベーターで乗り合わせたときなど、ニコッと微笑んで去っていく方が多いのですが、その笑顔だけで、好印象を抱くのではないでしょうか。日本では、なかなか難しいと思うのですが、このエレベータートークが軽やかにできるようになると、人見知りだという方も、少し自信が持てるようになります。

「ごめんください」「おやすみなさい」だけでもいいのです。

この締めくくりの挨拶は爽やかな風となって、両者の間を吹き抜けていきます。

エレベータートークから、トライしてみませんか？

Point

感じがよくて、きちんと見えるポイント

まずは天気の話から始めてみる

For Ladies 28

# 「でも」より「驚いて面白がる人」が好かれる

真剣だと知恵が出る。
中途半端だと愚痴が出る。
いい加減だと言い訳ばかり。

世界的スーパースターの大谷翔平選手は、武将・武田信玄の名言を彷彿とさせるこの言葉を紙に書き、貼っていたそうです。

つい言ってしまう、否定的な「3D言葉」をご存知でしょうか。

「でも」「だって」「どうせ」。

口に出さなくとも、心の中で誰もが呟いたことがあるのではないかと思います。この3D言葉を言いたくなったら、ぐっとこらえて、まずは、共感の言葉をプラスします。

「そうだよね」「わかる」「なるほど」と深くうなずいてから、「一方で〜」と伝えることです。

「一方で〜」は、逆説的にならず、相手の言葉を否定せず、もうひとつの意見として伝えることができます。

そして、会話を盛り上げたいときに意識したいのが、3つのO。

「驚く」「面白がる」、そして「オーバーリアクション」です。

「何を言っても驚かない、何を言っても笑わない、何を言っても反応が薄い」

これでは、場が盛り上がりません。

誰もが、自分のことには興味がありますが、よほど相手が魅力的でない限り、他者のことには興味がないのは当たり前です。

自分の方へ興味、関心のスイッチが入っているのが普通です。けれど、この3つのOを発動するには、自分に入っているスイッチを「パチッ」と相手の方へ切り替えます。これは、意識しないと、できないことかもしれません。

このスイッチの切り替えがうまくできると、会話も弾みます。

よいコミュニケーションは、この3つのOのスイッチを入れて、場を明るくすることです。

Point

感じがよくて、きちんと見えるポイント

スイッチを自分から相手へ切り替える

For Ladies
29

# 雑談を助ける「木戸に立てかけし衣食住」

雑談が苦手……そう感じる方は多いのではないでしょうか。

特に、初対面の人とは、「何を話していいかわからない」「こんな話、してもいいのかな？」と悩んでしまうと思います。

そう感じるのに、相手のことをよく知らないからですし、話題もある程度、選ばなくてはならないからです。親しい友人や、いつも一緒に働く職場の仲間との雑談なら、困ることはありません。

相手の興味や関心、性格もよく知っているからです。

私がハイブランドショップで働き始めたときも、同様でした。

初対面のお客様に対して、「住んでいる世界が違う」「会話がかみ合わないのでは？」という気持ちが先に立ち、どんな話をすればいいのか想像がつかず、頭が真っ白になってしまいました。

雑談は、相手との「のりしろ」なので、共通の話題があると距離がぐっと近くなりますが、そもそも共通点などない気がしていたので、悩んでいました。

そんなとき、「営業力スキルアップ研修」を受講し、お客様との会話のきっかけとして、天気だけでなく、最近のニュースや世間のトレンドを知っておくことが大事だと教えられました。

SNSなどない時代です。

そこで私は、新聞や雑誌を読んでニュースやトレンドを積極的に収集し始めました。その結果、自分の引き出しにどんどんネタが増えていき、雑談への苦手意識が解消されていったのです。

その後、様々なコミュニケーションの本やWEBサイトで、「木戸に立てかけし衣食住」（または、「木戸に立て㈱かけし衣食住」）という、ビジネスや接客などで会話を弾ませるためのキーワードがあることを知りました。

私なりに、少しアレンジを加えてご紹介します。

き……季節（四季の変化）
ど……道楽（趣味）
に……ニュース（関心度の高い最近のニュース・世間のトレンド）
た……旅（旅の情報・エピソード）
て……天気（天候など自然現象の話）またはTV番組の話（話題のドラマ）
㈱……知人（共通の知人）

か……家族（家族構成や家族のエピソード）
け……健康（健康のために気をつけていること）
し……仕事（それぞれの業界や今の仕事、前職の話）
衣……ファッション（流行や身につけているもののこと）
食……食べ物（好きな食べ物やおすすめのもの）
住……住んでいる地域の話（地元または出身地のこと）

お客様とは「世界が違う」と感じていたのは、私の一方的な思い込み、先入観でした。

勇気を出してネタのボールを投げてみると、思いのほか、快く受け取ってくださいました。ネタのボールを投げる小さな勇気さえあれば、雑談というキャッチボールが始まります。

もちろん、ショップ内という場所柄、身につけていらっしゃるものや、ディスプレイの商品が雑談のきっかけになり、ファッションネタが多くはなるのですが、この「木戸に立てかけし衣食住」を覚えておくと、普段のコミュニケーションに困らなくなります。

初対面で、相手のことが全くわからない場合は、季節、天気などの無難で大きな話題から始めると滑り出しがうまくいき、徐々にスムーズに会話が進むようになります。

「最近、やっと涼しくなりましたね」（季節）
「今日は久しぶりの青空ですね」（天気）

そして、スムーズに会話が流れ出したら、個人的な話題も挟んでいきます。できるだけポジティブな方向に持っていくことが大切です。

余裕があれば、自分の笑える失敗談など、「鉄板ネタ」や「すべらない話」を用意しておきます。

また、家族の話はお子様連れのお客様、健康の話は年配のお客様との

「のりしろ」になることが多いのですが、個人的なことなので配慮が必要でした。

雑談のキャッチボールが何往復かしたところで、まずは自分のことを話し、その後に質問するようにしていました。

「私には3歳の姪がいますが、お子様も同じくらいでしょうか？　何歳でいらっしゃいますか？」

「私は最近ヨガを始めたのでぐっすり眠れます。〇〇様も健康のために何かなさっていますか？」

趣味（マイブームや推し）や旅、食べ物や出身地の話題は、どんな人とも会話が弾むと感じます。基本は、「相手が主語」の雑談です。相手が楽しく話せることを意識します。

「もうすぐゴールデンウィークですね。どこかに行かれるご予定はありますか？」

「ご出身は沖縄なのですね。オススメの郷土料理ってありますか？」

ニュースや仕事の話も、楽しく会話できるよう、できるだけ前向きな話題を選びます。

「大谷選手は、今シーズンも大活躍ですね」（ニュース）

「旅行業界は、外国人観光客が多くて好調ですね」（仕事）

雑談で大事なのは、ネタを仕入れる事前準備（開店準備）なのだと感じます。

「コミュニケーション」という店をオープンするために、自分の引き出しに、あらかじめネタを用意しておくと、雑談という「前菜」をスムーズに出すことができます。

最初に前菜がスムーズに出せれば、メイン料理、デザートと最後まで流れるようにコース料理が出せるようになります。

おもてなしが素晴らしいコミュニケーションという店は新鮮なネタだけでなく「おもてなしの心」がベースにあります。

普段から事前準備を整える習慣こそが、相手への「おもてなし」なのだと思います。

Point

感じがよくて、きちんと見えるポイント

相手に差し出せる話題を準備する

For Ladies
30

# 大きな質問で相手からの言葉を待つ

質問は、相手への興味、関心を示し、相手の話を掘り下げ、訊きたいポイントを釣り上げる「釣り針」になるとPart1でお伝えしました。

質問には「YES、NO」で答えられるクローズドクエスチョンと、「どんな？」や「どのように？」と訊くオープンクエスチョンの2種類ありますが、雑談が弾むのは、相手に自由に答えてもらえるオープンクエスチョンです。

質問の使い方を間違えた私の失敗談をご紹介します。

あるとき、新作の素敵なバッグを持った馴染みのお客様がいらっしゃいました。そのバッグは日本では買いつけがなく、海外だけの展開でした。セレブリティが愛用していると話題になっていましたので、感度の高いお客様にとっては、手に入れたい逸品だったのです。そのとき、私は、「あ、やはり買われたんだ！」と興奮を抑えながらお迎えしました。

実は、そのお客様のご友人が前日に来店され、「イタリア旅行の際に、ミラノだけでなく、ローマやフィレンツェのショップも訪ね、やっと買うことができたらしいわ」というエピソードをお聞きしていました。ですから、私は思わず、開口一番、「バッグ、素敵ですね！　フィレンツェで買われたのですよね」と言ってしまったのです。

お客様は、「え？　……ええ」とお答えになり、驚いたような顔になりました。そして、「どうして知っているの？」とはあえて聞かず、「結構、探したのよ」とやさしく答えてくださいましたが、そそくさと帰っていかれたのです。

今でしたら、誰が何を買ったかも、「個人情報」にあたるかと思いますので注意が必要ですし、私の対応は、今でも顔から火が出るくらい恥ずかしい失敗です。

お客様は、きっと、このバッグを手に入れた経緯や、イタリア旅行のエピソードも話したくて訪れてくださったのです。

しかし、私がそのお気持ちを台無しにしてしまいました。イタリア旅行の話が早く聞きたくて、焦っていたのだと思います。知っていたとしても、知らないふりをして、外堀から埋めていく質問をすればよかったと後悔しました。

「新作のバッグですね！　素敵です。どちらで買われたのですか？」

と、「褒める＋質問」の王道セオリーで、まずは、オープンクエスチョンで質問し、自由に楽しく、イタリア旅行のお話をしていただくべきでした。

お客様自身の言葉で話していただく機会を、初めから奪ってしまったのです。

こんな失敗は、日常でも頻繁に起こりうるのです。

仕事での打ち合わせで、相手の要望や狙いを事前に知っているときなど、「ネット配信での集客法をお考えなのですよね？」ではなく、オープンクエスチョンで、「どんな集客法をお考えですか？」と大きく聞いて、自由に答えてもらうことで多くの情報が引き出せます。

また、友人の食事の好みがわかった上で、レストランを予約しようとしているときなども「肉以外でいい？」と決めつけた聞き方ではなく、「どんな雰囲気のレストランで、何が食べたい？」と聞けば、できるだけ希望を叶えてあげたいという思いやりが伝わります。

自分が「知っているよ」と言いたい気持ちやアピールしたい気持ち、そして、「このポイントは、どうしても聞きたい」という焦る気持ちから、人は、ついつい、決めつけの質問をしてしまうのだと思います。

相手から釣り上げたいコアな部分の外堀から埋めていくように、オープンクエスチョンで大きな質問から投げかけていく。そうすれば、相手は自由に、自分の言葉で話してくれますから、自然と会話は弾み、双方が満足できるコミュニケーションに辿り着くのです。

Point

感じがよくて、きちんと見えるポイント

知っていても、あえて触れずに会話する

For ladies

# 31 身を乗り出して聞くだけでいい

お客様と話をしていて、「楽しいな」「もっと話したいな」と思うシーンがあります。振り返ってみると、それは、お客様が大きく、ぐいっと身を乗り出し、「え？　そんなことがあったの？」と驚き、「それで？」と、さらに深く聞きたいと面白がってくださったときでした。

会話の途中で、「ぐいっと身を乗り出す」「体が少し前のめりになる」という反応が、私の「もっと話したくなる気持ち」にスイッチを入れたのです。

「話していて楽しい人」になるには、気の利いたあいづちや正しい敬語よりも大事なことがあります。体と心を相手に向けて、少し前のめりの姿勢になってうなずくことです。そして興味を持ったポイントで、「それ、すごいね」「それから、どうなったの？」と、ぐいっと身を乗り出すだけでいいのです。好感度は、これだけで1・5倍になります。

話しているときのお互いの位置は、とても大事です。「正対の位置」という言葉を、販売員だったときに知りました。

「正対」とは、「真正面から相対すること」です。この正対の位置は、礼儀の位置とも言われ、「挨拶は、真正面で体ごと相手に向かう位置で行いましょう」と教えられました。体が横を向いている状態で、首だけ相手の方を向けて、「いらっしゃいませ」「はい」と言っても、お客様は心が込もっていない、ないがしろに扱われていると感じるのです。

この真正面、正対の位置に立つことは、「真剣に向かい合おうとしている合図」だと接客時に実感したことがあります。

それは、店内でお客様が商品をご覧になっているとき、「真剣に見たい」と、ある商品の前で立ち止まるときは、ハンガーラックに対してつま先が90度の角度になります。

まさに、正対の位置で、気になった商品に真剣に向かい合っていることが、つま先でわかるのです。そのつま先を見て、「そちらの商品はシルエットがとてもきれいです。ご試着されますか?」などと、お声かけするようにすると、すんなりとお話が弾んだのです。

そして、耳のある横側の位置は、「情の位置」と言われています。

家族や友人など親しい人とは、カウンター席で横並びに座ると、本音が話しやすく距離も縮まります。机の正面で向かい合うと緊張感が高まるので、カウンセリングなども、机の角を挟んで座ります。

また、頭の後ろは「恐れの位置」とも言われています。

背後から、急に声をかけられるのは、誰もが怖いのです。

私は意識して、お客様と親しくお話ししたいときは、横（情の位置）から話しかけました。

お互いにオープンな体と心を相手に向ける姿勢があってこそ、雑談に心が通い合います。

まずは、自分自身の体勢を意識してみませんか？

Point

感じがよくて、きちんと見えるポイント

話すときの体勢は想像以上に重要

# Part 5

# 大切な場面で話すときに

For Ladies

# 32 会話の中の「間」を大切にする

講師として、大勢の人の前で話すことを始めた当初、私は、話を途切れさせてはいけないと、やや早口で喋っていたと思います。

シーンと静まりかえる間はつくってはいけないと思い込んでいました。けれど、この「間」は、大事なことを伝えるときには、あえてつくることで、大きな効果を生み出します。

例えば、〇〇ということを一番伝えたいとき

「一番大事なキーワードをお伝えします。それは、（間）○○（間）です」

この（間）が、○○を際立たせてくれます。（間）で、エッジを利かせるのです。これは就活セミナーで教えてもらって、印象的だったものでした。

「ももたろう」で練習してみます。

太字のところを大事なキーワードとして、その前と後に間をつくって読んでみましょう。

「昔々、あるところに（間）**おじいさんとおばあさんが**（間）住んでいました。

ある日、おじいさんは、（間）**山へ**（間）芝刈りに行き、おばあさんは、（間）**川へ**（間）洗濯に行きました。

おばあさんが、洗濯をしていたところ、川上から（間）**大きな桃**

（間）がどんぶらこ、どんぶらこと流れてきました」

いかがでしょうか？　この「際立ち」「エッジを利かせる」という方法で、メリハリが感じられると、生き生きと伝わるのです。

また、「間」をあえてつくることは、「相手が腹に落とすまでの時間をつくる」「感情を味わう時間を与える」という効果もあります。

昔、こんなことがありました。

後輩とランチをしていたときのことです。

出てきたサンドイッチのハムの形が、四角形でした。

私は、何気なく、「懐かしいね。四角いハム」と言いました。

後輩は、「そうですね……」と小さな声で言ったきり、少し悲しそうな表情になり、じっと四角いハムを見つめて黙ってしまいました。

驚いた私は、「どうかしたの？」「もしかしてハムが嫌い？」「お腹でも痛い？」と、どんどんと聞きたくなったのですが、その言葉をぐっと呑み込み、ただ黙ってサンドイッチを食べ続けました。

するると後輩は、長い沈黙の後、一筋の涙を流しました。

おばあさまを亡くされたばかりで、そのおばあさまがサンドイッチには四角いハムを使うと決めていらっしゃったと話してくれました。

食パンの四角い隅までハムのあるサンドイッチは、おばあさまとの思い出のサンドイッチだったのです。

私は、少し間を置いて、ゆっくりと「素敵な方だったのね」と声をかけました。

食パンの四角い隅にきちんと揃えられた四角いハム、孫のために嬉しそうに料理をする女性、そんな光景を想像しながら、四角いハムのサンドイッチを食べたことを今でも思い出します。

あのときの間がなければ、後輩は、おばあさまとの思い出の中に旅することもなく、涙することもなかったと思います。

大事な言葉や心からのメッセージを伝えたいときは、あえて間をつくり、その間を噛みしめたり味わったりしてもらいながら、ゆっくりと伝えます。間は、プチプチのようなクッション材の役目もしてくれます。大事なものは、壊れないように、クッション材に包んで手渡すはずです。この間をうまくつくれるようになったとき、あなたの言葉は宝物のように相手に届くでしょう。

Point

感じがよくて、きちんと見えるポイント

**「間」を味わいながら会話する**

For Ladies

33

# 謝罪は大きく、言い訳は小さく

接客という職業柄、お客様から厳しいご意見を頂戴することもありました。一流のブランドショップは、期待値が高いから当然かもしれないと、ブランドに対する自負を持って受け止めていました。

「これくらいのサービス、おもてなしは当たり前」という「当たり前のハードル」が高いことを実感する日々でした。

例えば、ディズニーランドは夢の国ですから、その世界観を壊すことなく、キャストはいつも笑顔で、パーク内は美しく整えられ、夢のような時間と空間を心ゆくまで楽しめます。

ですから、厳しいご意見をいただいたということは、一流であるという証であり、その期待に応えることがブランドビジネスの使命だと考えていました。

ある統計によると、8割の方は、がっかり感を口に出さず、その場からすっと離れていき、二度と訪れることはありませんが、ご意見をいただける1割は熱心なファンの方、残りの1割は、見当違いのご意見ではないかと感じるものだそうです（カスハラが話題となっている今、この割合は変わっているかもしれません）。

本当のファンの方は、「もっとこうしてほしい」という前向きなご意見が大半でした。

「期待値が高いからこそ、理想の姿であってほしい」というのがファンの心理で、クレーム対応をしたことがきっかけで長いお付き合いになった顧客の方もいらっしゃいました。

昨今は、謝罪会見をTVで見ることも多くなりましたが、大事なことは何よりも「正直さ」ではないでしょうか。正直に受け止め、正直に謝罪する。

正直でないことは、さらなる不信感を招きます。

順番を改めて整理します。

①お詫び
②必要であれば、どうしてそうなったかの事実を説明（言い訳や主観を入れない）
③今後の具体的な対策

特に、②が難しいと感じます。①は大きく、②は小さくです。

商品不良は同品交換で解決することがほとんどでしたが、言葉づかいや態度への不信感はご納得いただけるまでに時間がかかりました。

お詫びの気持ちを伝えるには、どんなに心があっても、表現の工夫、態度で伝わり方が変わります。重く、丁寧に、ゆっくりが鉄則です。

ポイントは呼吸です。

- お腹まで一杯に息を吸い、それを全部吐ききるようにお腹から声を絞り出し、「申し訳ございません……」と90度のお辞儀をします。
- 「……」の余韻が大事。頭を下げたら止まる。止まったまま、1、2、3とゆっくり3秒数える。
- 頭を上げるときは、下げたときのスピードよりも、さらにゆっくりと上げる。

ピンチのときに、人柄がよく表れます。

お詫びのときこそマナーに気を配り、誠実に、言葉と態度を総動員して、気持ちを表現します。

全身を使って大きく謝罪し、こちらの言い訳（言い分）は小さく、ファンの意見を肯定的に受け止める。

そんな企業や人は、信頼され、一流を維持しながら、長く愛されていくのだと思います。

Point

感じがよくて、きちんと見えるポイント

謝罪のときこそマナーを大切に

For ladies

# 34

# 「伝えたつもり」を避けるために大事なこと

「言った」「言わない」と双方の主張がかみ合わない、ねじれたコミュニケーションは、誰もが経験があるのではないでしょうか。

私は、上司から、「コミュニケーションは結果責任」だと教わりました。相手にこちらの意図が伝わっていないという結果は、「伝えた方に責任がある」ということです。

投げたボールの方向やスピード、高さが結果、違っていた。キャッチャーではなく、ピッチャーの責任、相手を責めてはいけないと。

それからというもの、こちらが伝えたことは、必ず相手に復唱してもらい、ボールをキャッチしてくれたかを確認します。

伝えるときに、まず気をつけなければいけないことは、当たり前の仕事の基本ですが、5W1Hです。

「W……WHEN↓いつ、WHERE↓どこで、WHO↓誰が、WHAT↓何を、WHY↓なぜ、そして、H……HOW↓どのように」をヌケ、モレのないよう、あらかじめ伝える前にメモをします。

ビジネスでは、あと2つのH（HOW MUCH↓いくら、HOW MANY↓いくつ）も重要です。特に、WHY「なぜ」「何のために」という目的は、丁寧に説明することが大事だと思っています。

また、2つの「期」。「期限」と「期待値」は、必ず確認します。

「どんなにいいパフォーマンスでも期限を守らなければ0点だ」と、新人の頃、言われたことが心に残っています。

そして、仕事の依頼者の期待値を確認することは重要で、「8割の出来でいいから、ざっくりと大枠をまとめればいいのか」それとも、「要点をパワーポイントで美しく見せるのか」では、大きく違います。

美しく完璧に何ページにもわたる書類を一生懸命作って提出しても、「ここまでは求めていない。A4一枚でよかった」と言われてしまうと、ガッカリします。

期待値が違うと、手戻りが発生し、エネルギーも時間も無駄になります。

期待に応えること、期待を上回ることで、次の仕事を任せてもらえることに繋がるので、必ず期待値を確認すること、期限までに間に合わせるためのコミュニケーションは、必須です。

また、「言った」「言わない」の議論にならないよう、そして殺伐とせず仕事を円滑に進めるためにも、2つの「期」に加えて、お客様に教えていただいた、2つの「気」。

「気づかい（今の状況下で、特定の1人に注意を払う）」、「気配り（やや先を見て、全体に注意を払う）」も忘れないようにと思っています。

4つの「キ」は、仕事での円滑なコミュニケーションの基本の「キ」なのです。

Point

感じがよくて、きちんと見えるポイント

「伝わっているか」自ら確認する

For ladies

# 35

# 前向きな語尾ひとつで相手の気持ちが変わる

接客をしていて一番心苦しいことは、できないことは、はっきり、「できない」とお客様に言わなければならないことです。

「コレクションでモデルさんが着用している1点もののドレスを取り寄せてほしい」

「経年劣化や湿気で剥《は》がれてしまったお気に入りのバッグの内側の革を元通りにしてほしい」

こんな熱いご要望には、応えたい気持ちで一杯になるのですが、残念ながらご希望を100％叶えることはできません。

最初から、「できません」と言ってしまうと、お客様は悲しい気持ちになります。

なぜなら、このブランドのファンであり、商品に愛着があるからこそ出てくるリクエストであることが多いからです。

「できません」という言葉を使わずに、お断りする配慮が求められます。

接客業では、この「せん」を使うことはNGと教えられました。

「できません」の「せん」という語尾は強く、相手の胸に突き刺さります。

突き放されたように響くのです。

「せん」という否定形は、「ます」という肯定系に変えて伝えましょうと教えられました。

「あいにく」を添えて、「できかねます」「いたしかねます」と伝える方が、相手は受け取りやすいのです。

また、その後に「これならできる」という代案を伝えることで、「何とかご希望を叶えて差し上げたい」という気持ちも伝えることができます。

「あいにく、1点もののコレクションを取り寄せることはいたしかねますが、似たようなAラインのシルエットのドレスを何点か取り寄せてみます」

「元の状態に戻すことは難しく、復元するお修理はできかねますが、新しい革に張り替えることが可能かどうか、一度アトリエに聞いてみます」など、ご要望に対してできるかぎりのご提案をする、そして自らご希望を叶えるために駆けずり回り、汗を流すことです。

そんな行動を伴った言葉が、相手の心を動かすのです。

プライベートでも「NO」と言わなければならない、「NO」と言いづらいと思う場面は、たくさんあります。

その際は、「心苦しいけど」「言おうかどうか迷ったのだけど」など、まずは冒頭にクッションになる言葉をプラスすることで、相手の心に余白をつくることができます。

「きっとNOと言いたいんだな」といったん、余白をつくることができればその後のNOをやんわりと受け止めやすくなるのです。

このクッション言葉のバリエーションを、たくさん心の引き出しの中に入れておくことで、「NO」と言える勇気の魔法を手に入れることができます。


「私の勘違いかもしれないけど」

「私もよくやってしまうのだけど」

「私も同じ思いをしたことがあるから、あなたに伝えたいのだけど」

など、相手を立てて伝えることができれば、自分にも相手にも「余白のクッション」ができます。

また、依頼をする際もポジティブな言い方を意識します。「できないでしょうか？」と「ない」という否定形を使うより、「できますでしょうか？」と肯定形で聞く方が、人は「ＹＥＳ」と答えたくなると言われています。

頭には、前述のクッション言葉と呼ばれている「気配り言葉」（「恐れ入りますが」「お手数ですが」「申し訳ございませんが」など）をつける。語尾は肯定の疑問形が基本です。

「恐れ入りますが、こちらで荷物を預かっていただけますか？」

「お手数ですが、こちらに来てくださいますか？」

どんなに丁寧に伝えても語尾が、「預かってください」「来てください」では、命令調に聞こえます。語尾が疑問形だと、「YESかNOは、私が選んでいいんだ」「主導権は私にある」と思えるのです。

相手を思いやる言葉は、常に相手が主人公になっていただく言い方です。名脇役になる話し方ができると、人生の楽しい舞台で登場できるシーンが多くなるのです。

Point

感じがよくて、きちんと見えるポイント

断りの前に思いやりの余白を入れる

For Ladies 36

# 年下の人と話すときこそ相手を主役に

言葉は、相手の心の奥にしまってある箱の鍵です。

この鍵は、「思い込み」や「決めつけ」という自分本位の形をしていると、決して、箱を開けることができません。この鍵は、「あなたの」「あなたに」という相手好みの形をしていることが重要なのです。

「あなたは、どう思う?」「あなたなら、どうする?」とあなたを主語にして聞くことが相手を認め、尊重することなのだと思います。

また、「休暇は楽しかった？」「最近、体調はどう？」など、後輩や部下が自分のことを話せるような質問を普段から投げかけ、話しやすい雰囲気をつくることは、鍵のメンテナンスになるでしょう。

こちらが年上というだけで、相手は遠慮がちになったり、こちらが思っている以上に、気を遣うものだからです。

コピーライターの糸井重里氏が代表をつとめる株式会社ほぼ日の行動指針、「やさしく、つよく、おもしろく。」(https://www.hobonichi.co.jp/company/philosophy.html) は、会社も人（＝法人）であり、ほぼ日が法人としてどうありたいかを表した言葉だということです。これは、人生の先輩としての心構えとしても軸になる言葉だと感じます。

やさしくいるためには、強くなくてはいけないし、しなやかに強くあるためには、面白がる余白が必要になる。

私たち先輩に、どんな状況も、やわらかく受け止められる余白があれば、後輩・部下は、自由度を感じられ、伸び伸びと振る舞えるのではないでしょうか。

自ら考えて、やってみるからこそ学びがあり、やってみて、うまくいかなければ改善も工夫もできます。自分を磨ける環境をつくってあげることは、先輩の役目かもしれません。

まずは、先輩としての自分自身が、しがらみに囚われることなく、自由でいること。

上だけを見て仕事をしないことで、言葉は変わると思います。

自分のことで一杯一杯にならず、物腰のやわらかい雰囲気をつくることで、相手を追い詰めない話し方ができ、相手を尊重した言葉を持てるのではないでしょうか。

Point

感じがよくて、きちんと見えるポイント

**相手が伸び伸び話せる環境をつくる**

For Ladies

37

# 言いにくいことを伝える極意

人生の大事な場面では、勇気を出して「NO」と言わなければならないときがあります。大ベストセラーになった『嫌われる勇気』というタイトルの本がありましたが、まさに、大事な場面で「NO」と言うのは、勇気が必要です。

嫌われることを覚悟してでも「NO」と言わなければ、自分の人生が自分のものでなくなっていきます。

「もっと早くNOと言えたなら、こんなに苦しまなかったのに……」

「あのとき、NOという勇気さえあれば、違う道を歩いていたのでは……」と思うことがあり、そんなとき出合ったのが、「アサーション」です。

「アサーティブコミュニケーション」という言葉をお聞きになったことがある方も多いと思います。企業研修やコミュニケーションセミナーでも取り入れられ、人間関係が難しいとき、日常のやりとりや関わりを建設的に変える「使えるスキル」として、広く用いられるようになりました。

「NOと言っても握手ができるコミュニケーション術」とも言われ、私たちの会話を心理学の知恵をもとに読み解いた著書も多く出版されています。

仕事でも日常生活でも「NO」と言わなければならない場面は常にありますが、「NO」と言うことが苦手だと、自分を大事にすることができなくなっていくのではないでしょうか。

「アサーション」には、「自己主張」という意味があります。

まず、大事にしなければならないのは、自分の本当の気持ちです。

私たちは、自分をないがしろにしてはいけないのです。

日本人の美徳として謙虚さがあります。

「ここは相手に譲った方が収まる」「私が我慢した方がうまくいく」と、つい考えがちですが、それは、「〜した方がいい」「〜すべき」という補正、修正した気持ちで、自分の本心ではないことがほとんどです。

そんな風に、自分の気持ちに補正や修正を繰り返していると、本来歩くはずの本道から、違う細道へと迷い込んでしまい、どんどんと森の中を彷徨うようになり、運命が変わってしまいます。

まずは、本当はどうしたいのか、「自分の本心を見つめること」を省いてはいけないということを、アサーションは教えてくれます。

私が出会ったお客様は、言葉はやわらかいのですが、意思はきっぱりと伝えます。

ポイントは、「にっこり、はっきり」です。

また、NOである理由も簡潔に伝えてくれます。

お客様にお似合いだと思い、お勧めした商品も「好きなシルエットだけど、深いVネックは着ないから残念だわ。でも素敵な色ね」と、にっこり、はっきりと、おっしゃいます。

断る理由が明確であることは、こちらとしても、とてもありがたいのです。今後、そのお客様には「深いVネック」をお勧めすることはありませんし、お互いに無駄な時間やエネルギーがいりません。

しっかりと自己主張することは、結果的に親切なのです。はっきり言ってくださる方は、私たちにとって「いいお客様」でした。

大切なことの伝え方は、いつもサンドイッチ型。

「●×●」です。言いにくいこと(×)を、ポジティブな(●)でサンドイッチすることで、(×)がマイルドな味になるのです。

こちらの提案した商品のまずは素敵なところ(●)、次にNGなところを理由とともに伝え(×)、最後にまたよいところを笑顔で伝える(●)ことでサンドします。

言いにくいこと、大切なことほど、おいしいパンでサンドして丁寧に手渡しましょう。

Point

感じがよくて、きちんと見えるポイント

笑顔でやわらかに自己主張する

For ladies
# 38

# 「いい人でいたい」を手放す

前述のアサーションを学んで感じたことは、「本心が言えない気持ちの底を覗いてみると、(いい人でいたい)(嫌われたくない)という砂のようなものが沈殿している」ということです。

「いい人」は、やがて「都合のいい人」と思われたり、「あの人は怒らないから大丈夫」と軽く扱われたりします。

そして、ある日、小さなことがきっかけで、底に溜まった砂が砂嵐となって外に吹き荒れることになり、自分でも驚くほど感情的になってしまって周囲を驚かせたり、自己嫌悪に陥ったりしてしまうのです。

何度もお伝えしますが、私たちは、自己主張をしていいのです。

言葉で自分の気持ちを伝えないことは、自分にも相手にも誠実ではありません。どんなときも、自分と相手の気持ちを同等に扱うこと。自分への思いやりと相手への思いやりの両方が大事なのです。

思いやりを伝える表現方法を学ぶことで、気持ちのよいやりとりができます。

日本にアサーションを広く知らしめた平木典子氏の『アサーション入門』（講談社現代新書）には、「ドラえもん」の登場人物をイメージしながら、アサーティブなコミュニケーションについて問いかける小学校の先生の事例が紹介されています。

クラスメイトが勝手に自分の消しゴムを使って、返してくれない様子だったときに『ドラえもん』の登場人物だったらどんな言葉でやりとりするか、という問いかけです。

これは私たち大人ももしのび太だったら、ジャイアンだったら、とぱっとイメージが湧くのではないでしょうか。そんな中、子どもたちは静香ちゃんが主張しながらも気持ちよいコミュニケーションがとれる人物だと考えているとわかる記述が出てきます。

そして静香ちゃんについては、「消しゴムすんだら返してね」とか今度使いたいときは『貸して』と言ってね」などといった台詞が出てきます。

――平木典子著『アサーション入門』（講談社現代新書、２０１２年）

そして書籍中では、子どもたちはのび太でもジャイアンでもなく、静香ちゃんの言葉かけが心地いいと感じると言うのです。

これはアサーションのモデルが近くにいれば、わざわざ教えなくても子どもたちはコミュニケーションを工夫することを学べるという例のひとつだと思います。

ここで子どもたちから想定されている静香ちゃんの言葉は「自分と相手を大切にしようという気持ち」が感じられます。

今、思い出してみても、私が出会ったお客様は、静香ちゃんのような表現方法で接してくださったので、私はいつも心地よくお話をさせていただけたのだと思います。

相手を大切にする表現のポイントは、「相手の気持ちを自分の言葉で代弁する」ことではないでしょうか。「消しゴム忘れたの？　困るよね」と、今の状況を言葉にし、相手に共感します。

その上で、本当の自分の気持ちを伝えます。

「私も消しゴムがないと困るから、半分に割ってあげるね」などと、代案も合わせて伝えます。次の順番を意識します。

### ①状況を言葉にする

②先に相手の気持ちを代弁する
③自分の気持ちを表現する

私もこの「アサーション」を知るまでは、③をどう伝えようかと悩み、言い方や表現方法ばかりを試行錯誤していました。

けれど、親しい間柄ほど、省略しがちな①②が大切だと気づいたのです。今の状況を客観的に表現することが先で、主観や感情は後にする。なぜなら、客観は相手にとって受け入れやすいものですが、主観は誰もが受け取りやすいわけではないからです。

親しき仲にも礼儀あり。「客観」の視点を持つことで、コミュニケーションは変わります。

Point

感じがよくて、きちんと見えるポイント

主張の前に相手の気持ちを汲む

For Ladies

39

# お互いが歩み寄れる代案を伝えてみる

「客観」の表現が大事だと実感した具体例をご紹介します。

ある雨の日の夕方、私は車を運転しながら、打ち合わせの場所へと向かって急いでいました。

天気予報では雨が強くなる予想で、道路も渋滞していました。

そんなとき、傘を差し、子どもの手を引いた友人が、大きな荷物を持ちながら、こちらに向かって手を振っているのが見えました。

私は車を停め、窓を開けました。友人は、早口で私にこう言いました。「ね、どこ行くの？　台風並の天気ね。バスは来ないし、子どもがぐずっちゃって……」

こんな友人に、あなたならどうしますか？

「わかった。近くの地下鉄の駅まで送るね」と言った私は、やはり少し後悔したのです。

この事例では、アサーションの①と②（198ページ参照）を省いてしまっています。

こう言うべきでした。

「すごい雨ね」「荷物も多いから大変だよね」「○○ちゃん、眠いのね」「乗せてってあげたいけど、私も打ち合わせに遅れそうで……この先もかなり渋滞してるみたいなの」

①客観的に今の状況を言葉にして、②先に相手の気持ちを代弁した上で、

「荷物だけでも、トランクに入れる？　後でお家まで届けてあげるよ」

などと、③の代案を提示してみてもよかったなと思ったのです。

この③の代案はＮＯと言われることもありますが、①と②をあらかじめ伝えておくことで、相手は「大雨で渋滞の中、打ち合わせの場所へ急いで向かっている」「こちらの状況も理解してくれている」「役に立とうとしてくれている」と感じてもらえるので、ＮＯのクッション材になります。

思いやりの言葉を投げかけることで、お互い、この困った状況を「分かち持つ」ことができます。コミュニケーションの語源のひとつは、「分かち持つ」なのです。どちらかが一方的に我慢したりするのではなく、お互いが歩み寄る、「持ちつ持たれつ」です。

この順番は、アサーションのスキルであるＤＥＳＣ法と呼ばれるものです。

D……描写する（Describe）
E……表現する・説明する（Express）
S……提案する（Specify）
C……選択する（Choose）

Sの「荷物だけでも、トランクに入れる？　後でお家まで届けてあげるよ」という提案は、NOと言われることを想定して、「少し遠回りになるけど、打ち合わせの駅近くまで乗っていく？　○○ちゃん、車の中で眠れるし」などと、さらなる提案が提示できると、どちらがいいか、相手に選んでもらうことができるのです。

職場での会議で新しい提案をする、またはプライベートで、こちらの意見を主張したいときなどにも、このDESC法は使えます。

「NO」と言われることを想定して、代案をあらかじめ考えておくと、NOと言える勇気が持てると思います。

大切なことや言いにくいことをうまく伝えることのできる人の心の中の玉手箱には、常に自分も相手もハッピーになる宝のような代案が眠っているのです。

Point

感じがよくて、きちんと見えるポイント

自分だけが我慢をしない

Column 3

# 表情と声までやわらかくする極上アイテム スリッパ

足の裏は昔から「第2の心臓」と呼ばれています。いくつものツボがあるので、足裏の感触が快適だと心地よく感じます。

家に帰り、お気に入りのスリッパに履き替えると、ふーっとリラックスできます。

一流ホテルと三流ホテルの差はアメニティやバスローブ、タオルやスリッパの質の違いだと思います。最高級のスリッパは、最高級のおもてなしのひとつなのです。持ち帰りOKのホテルもあるので、それを飛行機の中や出張先のビジネスホテルで履くと気分も上がります。

春夏用は麻素材やコットン、秋冬用はムートンやボアつきのものなど、お気に入りを何足か揃えておきます。おうち時間のマイケアグッズが極上だと、外での疲れをうまくリセットするスイッチアイテムになるのです。外と内の切り替えスイッチを上手にスイッチングできるようになると、外でのコンディションも整いますから、上質なスリッパを切り替えスイッチにしています。

たまには、膝に負担をかけない、おうち用のかかとのあるサンダルも、台所仕事をしながら履いたりすると、足のストレッチになります。

足裏を喜ばせましょう。おうち用スリッパに履き替えて、癒やされ、また、外用の靴と履き替えて、颯爽と出かけていく。足の裏からじんわりと脳に伝わるスイッチが、表情も声もうまく切り替えてくれます。足裏から、スイッチを切り替えていきましょう。

# Part 6

# 心地よく「伝える」話し方

For ladies

# 40 話し方のセンスがいい人がしていること

コミュニケーションや話し方の本でよく出てくる「ペーシング」という言葉は、心理学用語です。話す速度、声の大きさや高低、あいづちやうなずきの頻度・タイミングなど、相手とペースを合わせることで信頼関係を生み出そうとするコミュニケーションスキルのことです。

自分と同じペースに、人は心地よさを感じますから、相手への信頼感が増すのです。

「ペーシング」に関連して、「ミラーリング」というテクニックもあります。相手がお茶を飲んだら自分も飲む、手を止めて書類に目を落としたら、自分もカップを置いて、同じように書類を見るというようなものです。

同じリズムで同じ動作をすると、呼吸さえも合ってくる感覚があり、その場でリラックスできると感じたことがあります。相手がどうしてほしいかを察知する力は、今では「空気を読む」ということでしょうか。

これは、マニュアル化ができないので、観察力と想像力を磨くしかありません。

これを、「センス」と呼ぶのでしょう。

よく「センスがいい・センスがよくない」という言い方をします。

モノ選びのセンスだけでなく、振る舞いのセンスや言葉選びのセンスなど、コミュニケーションにもセンスがあり、そのセンスは、人に興味がないと磨かれないのかもしれません。

まず、「この人はどうしたら喜んでくれるかな？」と、観察して想像します。そして、相手の立場に立ってみる柔軟性が欠かせません。

今、思い出してみても、お客様には、私たち販売員ひとりひとりに興味を持ち、私たちの立場に立ってくださるやわらかさと大らかさがありました。

その器の大きさに、人としての品格とセンスを感じていたのです。

「空気を読む」とは、この場所で、このメンバーで、どうすれば皆がハッピーになれるかを想像して、主体的に動くことと教えられました。

よく、ビジネスシーンで使われるＴＰＯ（Time＝時、場所＝Place、場面＝Occasion）は、（時、場所、場面をわきまえた服装をしたり、それに見合った行動をすること）ですが、これに、「Person＝人」を追加して「ＴＰＯ」が大事だと思います。

「誰と一緒で、その場にどんなメンバーがいるのか」という視点は、空気が読めるセンスを磨くには、とても重要なのです。人への想像力と観察力に思いやりのエッセンスを一滴プラス。
「TPPO」を意識して、一生モノのコミュニケーションセンスを磨きましょう。

Point

感じがよくて、きちんと見えるポイント

観察力と想像力を働かせる

For ladies

41

# 高さと速さで声音を使い分ける

背の高い人、低い人、骨格のしっかりした人、華奢な人など、人にルックスの違いがあるように、声にもルックスの違いがあります。

見た目のルックスを大きく変えることは難しいですが、声のルックスは、エレガントにも、ダンディにも変えられるのです。

声が、高い、低い。そして話すスピードが速い、ゆっくり。この組み合わせによってルックスが変わり、人に与える印象も変わります。

私は、販売員としてお客様に接するとき、または、キャリアカウンセラーとしてクライアントと接するとき、講師として登壇するときなど様々な場面によって、以下の4つの声を意識して、伝えたい印象を声からも届けるように意識していました。

- 高い×速い……明るい、パワフル、元気→大勢の前で話すとき、話の冒頭や、聞き手の注意を引きたいとき
- 高い×ゆっくり……大らか、やさしさ、包み込む、→楽しい話題のリアクション、あいづち、子どもやお年寄りに話しかけるとき
- 低い×ゆっくり……安心感、落ち着き、信頼→カウンセリング時や肯定的なアドバイスを伝えるとき、部下や後輩を褒めるとき
- 低い×速い……知的、冷静、論理的、客観的→商談や説得などのビジネスシーン、上司への報告、連絡、相談

これらの4つの組み合わせを使い分けられることが理想です。シーン

やシチュエーションによって、相手にどんなイメージを持ってほしいかで、意識的に声のルックスを変えていければ、相手に届きやすくなります。

「話す」ということは、相手に思いやエネルギーを届けることです。言葉には力がありますから、その力をどんな音に乗せて届けるかで、受け止め方が変わります。

リズムや色を帯びた、生き生きと躍動する音が届けられたらと思います。

素敵なお客様の話し方は、心地よい音楽を聴いているように耳心地がよく、立ち去った後、一流の声楽家に、一曲歌っていただいたように感じていました。

ゆったりと始まり、徐々にサビの部分に入っていくと心が高揚して、余韻を残して終わる。後味が極上なのです。それは、相手への思いやりややさしさを、言葉にして届けたいと思っていらっしゃったのではないかと思います。そんなお客様の「相手を笑顔にして終わる話し方」を実践したいと、講師としてデビューした私は、次のような話し方、声のルックスを意識していました。

冒頭、高い声で早口で、明るく元気に話します。

そうすることで、空気が一瞬で変わりますから、興味を持って聞いていただける土台ができます。

けれど、「高い×速い」ばかりでは、聞いている方も疲れてしまいますから、徐々に「高い×ゆっくり」とした話し方に変えていきます。

引用や説明は、「低い×速い」で簡潔に、論理的に伝えます。

そして、気づきや学び、本日のポイントを共有するときは、「低い×ゆっくり」で、言葉を選びながら、ポイントが腹に落ちるよう、より丁寧に。まとめや締めくくりに向かうときは、また、「高い×速い」で、テンションを上げていきます。

このメリハリをつけることで、長い時間でも飽きずに、話を聞いてもらうことができると思っています。

「あっという間でした」「短く感じました」というご感想をいただくと、嬉しくなります。興味のない話を長時間、じっと聞くのは苦痛以外のなにものでもありません。

内容だけでなく、声のルックスは、相手の印象を大きく左右します。

まずは、「相手を笑顔にしたい」という大事な場面の声から、4つのルックスを意識してみませんか？

Point

感じがよくて、きちんと見えるポイント

大事な場面では「声のルックス」を意識

For ladies
42

# 声が聞きとりづらいと言われるときは

私は、大勢の前で話すことが苦手でした。1対1のコミュニケーションは、販売職として毎日トレーニングができていましたが、講師として、1対大勢のケースは、どう言葉や声を届けていいか、わからなかったのです。

そんなとき、「この部屋の一番後ろまで届くよう、ボールを投げるイメージで、ヤッホーと言ってみて」と、教えられたのです。

一番後ろまで届くボールを投げるには、大きく弧を描くようなイメージで、遠くを見て投げなければなりません。

初めはうまくいきませんでしたが、このトレーニングを繰り返すうちに、腹式呼吸と言われるものができるようになり、声がぐっと変わったのを実感しました。

家でできるトレーニング法は、ベッドの上で寝る前に息を吐いてお腹を凹ませたり、息を吸ってお腹を膨らませたりしながら呼吸すると、腹式呼吸のイメージがつかめます。腹式呼吸ができるようになると、声量を調節できたり、メリハリのある話し方ができたりするようになるのです。

「一回で伝わるような声で話す」ということも思いやりのひとつです。

相手が聞き返さなくてもいいように、しっかり口を開く。

いつも噛んでしまう、ぼそぼそ話していると言われる、小さい声になってしまうという人は、基本となる母音（あいうえお）を、はっきり発音するだけで、普段の会話が聞き取りやすくなります。
相手に届くボールを投げるには、腹式呼吸と母音（あいうえお）なのです。鏡の前で毎日、「あいうえお」と大きく口を動かすだけでも変わってきます。ぜひ、やってみてくださいね。

Point

感じがよくて、きちんと見えるポイント

腹式呼吸や発声を意識する

For Ladies

# 43

# 落語の「まくら」は技の宝庫

講演や研修で、人前で話す仕事が増えるようになり、プレゼンテーションの勉強のためにと、寄席に落語を観に通っていた時期があります。

まず、驚嘆したのは、「まくら」と言われている話の入り方です。

本題に入る前に場を和ませ、客の心を最初の3分間でぎゅっと掴みます。

時事ネタや印象に残るキーワード、名前を覚えてもらう工夫など、

「この人の話を聞いてみよう」と思わせる話術は、「技」の宝庫でした。

他にも、「つかみ」と言われる冒頭の3分間は、映像の世界も同じです。

映画やテレビドラマなど、ファーストシーンが印象的ですと、その世界観にぐっと引き込まれていきませんか？

私は、講演やセミナーで話すときは、この冒頭部分の「つかみ」で何を話すのか、しっかりと原稿に起こし、頭にたたき込みます。

例えば、埼玉県での講演であればサッカー熱が高い県なので、受講者に若い男性が多いときは、「サッカーが盛んですね。私がサッカー観戦をするきっかけになったのは日韓ワールドカップで……」など、聞き手との「のりしろ」になりそうな話題を選びます。

年配の女性が多い場合は、「私は川越の街並みが大好きです。特にお芋スイーツに目がなく……」と、地方ネタに経験談をプラスして、8割ぐらいの方が「うんうん」「あるある」と共感してくださるようなエピソードをピックアップします。

その「つかみ」が、講演や研修の本題（テーマ）とも関連していると、助走のようになるので、すっと本コースへと走っていけます。

そのときのテーマは、「チームビルディング」でした。サッカーはひとりではできないスポーツなので、「仲間にパスを出さずドリブルばかり繰り返すメンバーに声をかけるとしたら？」など、サッカーに関連した例題を出したりします。

また、スイーツで親睦を図っている企業の話を例に挙げ、「コミュニケーションを活発にするため、木曜日の午後は職場でおやつタイムを設けているそうです」など、冒頭の「つかみ」の話と繋げたりします。

冒頭で言いよどんだり、言葉に詰まってしまうと最後までスムーズに運ばないことが経験上わかっていますので、「つかみ」の原稿は何度も実際に声に出し、ポイントを確認し、暗記して臨みます。

すべてを丸暗記する必要はありませんが、ポイントだけはしっかりと頭に入れます。また原稿や資料にずっと目を落とし、うつむきながら話すと伝わりづらいので、ちら見する程度にします。

緊張感の高いときは、「うん、うん」とうなずいてくださる人の方を見ながら話すと、「よし、これでいいんだ」と自分を落ち着かせることができます。それでも、頭が真っ白になり、内容が飛んでしまったこともあります。そんなときは、「こんなに大勢の方に見つめられたことはないのでドキドキして、次、何をお話しするのかを忘れてしまいました」と素直に告白します。

そうすると、笑いが起き、場が和みます。

「この人も同じように頭が真っ白になるんだな」と親近感が生まれ、距離が縮まります。

何かとハプニングは起こるものですから、その状況を受け入れ、楽しむくらいの余白があれば、場の空気はほぐれていきます。

落語は、プレゼンテーションだけでなく、コミュニケーションのあらゆる場面で、使える技がちりばめられている芸術です。話し方の芸術鑑賞として、出かけてみませんか？

Point

感じがよくて、きちんと見えるポイント

「伝える」場面では準備を大切にする

For Ladies

# 44

# 話が長くなる人ほど、結論から始めてみる

ドラマウオッチャーの私は、シナリオを勉強していた時期がありました。シナリオの基本は、「起承転結」。ストーリーは、この順番で展開していくので、最後までどうなるかわからないシナリオは、視聴者を惹きつけます。

しかし、プレゼンテーションや面接、ビジネスシーンでの報告などは、「結」を最初に述べることで、わかりやすく、伝わりやすくなります。

結論から伝える話の組み立て方は「ＰＲＥＰ法」（プレップ法）と呼ばれています。

Ｐ＝Point（結論）

Ｒ＝Reason（理由）

Ｅ＝Example（事例）

Ｐ＝Point（結論を再提示）

例えば、販売員のとき、新作のセールストークでは、

Ｐ＝○○様には、こちらのカーゴパンツをオススメします。

Ｒ＝これ一枚で、昨年お買い上げいただいたニットやブラウスが今年らしく生まれ変わります。

Ｅ＝同じシルエットのパンツが、ミラノコレクションで拍手喝采を浴びて、私達、販売員も注目しています。

Ｐ＝スタイル抜群の○○様には、ぴったりのシルエットです。

「あれもこれも伝えたい」と思うと、どうしても盛りだくさんになっ

てしまいますが、結論からシンプルに伝え、その根拠や理由、事例が明確だと、「なるほど」と思っていただけるのです。

わかりやすさは、聞き手を安心させます。

なぜ、オススメなのかという理由を簡潔に、わかりやすく結論から伝えることで、納得していただきやすくなります。

この方法は、「話が長い」「何を言いたいのかわからない」と言われてしまうという悩みがある方に、特にオススメです。

プレゼンテーションでも、「今日は、意外と知られていない○○の話をします」と最初に話されると、興味がわきませんか？

これはある種のつかみで、聞き手は、「え？　どういうことだろう？」と、「聞くテーブル」についてくれる効果があるのです。

結論から始めることで、「さあ、聞くよ」と、相手がしっかりとスタンバイしてくれます。スタンバイしてくれている中で話しはじめることで、「話し上手」になれるのです。

素敵なお客様は、長々と話されることはありませんでした。言葉は少ないけれど的を射ているから、心に響くのです。

しゃべりすぎると、余計なことまで言ってしまい、後悔することが多かった私は、簡潔でありながら、あたたかみのある話し方に憧れていました。長々と話してしまうときは、「そもそも、何が言いたかったんだろう？」と自分に問いかけました。頭に「そもそも〜」を心の中でつけてから、簡潔に言い直します。

そんなシンプルな話し方は、知的な大人へとランクアップさせてくれるのだと思います。

Point

感じがよくて、きちんと見えるポイント

結論から始める癖をつける

For Ladies

45

# 話しベタならではの話し方と工夫

はとバスに乗車したときのことです。一日観光で東京の郊外へと出かけるツアーでした。

私たちの前に立ったのは、20代のピカピカの新人ガイドさん。

「私は元々話しベタで、まだデビューしたばかりで不慣れですが、どうぞよろしくお願いいたします」と挨拶されました。

乗客からは、「頑張って」と見守るような表情で、あたたかい拍手が起こりました。

「話しベタなのに、なぜバスガイドに？」と私は興味を持ちました。

観光案内は、決して流ちょうではありませんでしたが、必要なことを、しっかり暗記して練習したのだなという努力の跡を感じました。

一生懸命さが伝わる話し方は、流ちょうでなくとも伝わるものです。

話しベタの方が、ホストを務めなければいけないときは、あらかじめ、「言わなくてはいけないキーワード」だけは、頭にたたき込んでおくことが大切かと思います。

キーワードだけは、声と表情も意識して、しっかり伝えます。

そして、正直に聞き手と向き合い、何があっても降りることなく、全力で最後までやりきる覚悟が必要です。

私も講師としてデビューしたての頃に、かなりの緊張感の中、冒頭の挨拶をしたことを覚えています。

その頃、私はいい歳の大人でしたので「デビューしたばかりで不慣れです」とは言ってはいけないような気がしていました。

プロとしてお金をもらっているのだからと、自らにプレッシャーをかけていました。

けれど、「失敗してはいけない」と、過剰に意識するあまり墓穴を掘るくらいなら、「緊張しています」と正直に言った方がいいのだと思ったことがあります。

それは、あるTV局の社内研修に講師として登壇したときでした。

壇上に立つと、毎朝、情報番組で拝見しているアナウンサーの方々のお顔が見えます。

「話のプロの前で話すのか……」と、一気に緊張感がMAXになったのです。ここでの第一声は非常に大事だと感じた私は、正直に、こう切り出しました。

「話のプロの方々の前で話すことになり、とても緊張しています」と。

言葉にしてしまうと少し落ち着き、練習通りにいくしかないと、腹をくくれたのです。

そして、ゆっくりと、本日のプログラムの全体像を伝え、ゴールをお伝えしました。1時間に1回休憩を入れること、グループワークを中心に進めることなど、どんな風に進行し、どんな風に終わるかをイメージしてもらったのです。

この全体像から詳細へという順番は、相手に伝わりやすいのではないかと思います。

こんな伝言ゲームのようなワークをやったことがあります。

紙に絵が描いてあります。お城や目覚まし時計など、○や△、記号で構成された絵です。話し手は、その絵を聞き手に見せずに、口頭だけで伝えます。ジェスチャーもなしです。

聞き手は、話し手の説明を聞きながら、自分がイメージした絵を紙に描きます。

このとき、うまく伝わったペアがやっていたことが、「全体像から詳細へ」という順番でした。伝わりやすい順番があるのだと思いました。

まずは、「三角と四角の積み木でできたシンデレラ城のようなお城をイメージしてください」や「丸くて上にベルのついた、数字の書いてある目覚まし時計を描いていきます」など、全体像を伝えてから、細かいところを刷り合わせていきます。

共通のイメージを言語化したり、ピースマークなど誰もが同じ絵が思い浮かぶマークなども有効でした。

話しベタの方は、きれいに、よどみなく話すことができなくとも大丈夫です。

アナウンサーではないのですから、きれいに喋るより、多少ぎこちなくても「伝わる」ことが何より大切なのだと思います。それには、工夫や順番も大切です。

私は無事、TV局での研修を終えた帰りの電車の中、準備のため、びっしりと書き込んだテキストを見直しました。

「これだけ練習したのだから大丈夫」と、自分で自分を納得させることも、緊張を取り除くひとつの手段だったのではないかと思いました。

そのとき、あのバスガイドさんは今日も、はとバスに乗っているのかなと、ふと車窓から見えた首都高を走る黄色いバスを、しみじみと眺めた一日でした。

Point

感じがよくて、きちんと見えるポイント

全体像を共有して話しはじめる

# おわりに
## 胸のペンダントを輝かせる人生を

この本を手に取ってくださり、ありがとうございます。

「話すこと」は、私にとって「書くこと」と同じくらい自分を表現するために大事なことで、言葉は私にとってのギフトです。

あなたに「素敵なギフトを贈りたい」という思いを込めました。

心を込めて届けた言葉のギフトを受け取っていただけたら幸いです。

あるとき、ヨガの先生から「チャクラ」という、東洋医学でいう気の通り道のことを教えていただきました。古来、人間の体には「気」が通っていると考えられていて、この気の通り道であるポイントが「チャクラ」と呼ばれているようです。

ヨガでは、エネルギーを取り入れるため、チャクラに意識を集中するのですが、私が注目していたのは、第五チャクラと呼ばれている喉仏の位置です。

「第五チャクラを開くと、自分のことが上手に表現できるようになります」と先生に言われてから、「これは、お客様に教えていただいた胸のペンダントの話と同じだ」と感じ、喉と鎖骨を開くように肩をやや後ろに引き、肩甲骨を寄せるようにして、胸のペンダントを相手に見せるような姿勢を、ヨガのレッスンのときだけでなく普段から意識するようになりました。

自分の感情がわからなくてモヤモヤしているときほど、この胸のペンダントを輝かせることをイメージします。

「大丈夫」

「自信を持って」

という言葉の光を喉元に宿すように、自分自身をチアアップすると勇気がわいてくるのです。

喉と胸が閉じていると、人と関わることが億劫になり、内にこもりがちになってしまいます。人付き合いに自信が持てないときに心がけたいことは、心を開くように胸を開き、普段より1cmだけでいいので、顔を上げて話すことです。

自分の感情をうまく表現できないとき、人間関係が面倒に感じるとき、あなたの胸のペンダントはきっと小さな自信をくれるでしょう。

言葉を大切にすることで、胸のペンダントはキラキラした光を放ち、内向きな気持ちを吹き飛ばしてくれます。

「コミュニケーションスキル」という財産は一生モノですから、胸のペンダントは、他者から愛されるご機嫌な人生の象徴です。

本書が皆さまの胸に輝くペンダントに光を灯す一助になれば、こんなに幸せなことはありません。


今回も素敵なご縁をいただきました。こうして本書を皆さまのもとへお届けできるのも、素晴らしい方々のサポートのおかげです。

前作『一流のお客様に学んだ気づかい 大人女子の小さなマナー帖』の編集も担当してくださった頼りになる大和書房の油利様、上品で素敵なイラストを描いていただいた永宮陽子様、あたたかみが伝わる色で洗練されたデザインをしてくださったデザイナーの吉村亮様、大橋千恵様を始め、本書に携わっていただきました皆さまに心よりお礼を申し上げます。

いろいろなことがある毎日ですが、胸を張り、顔を上げて、ご機嫌な人生を共に歩みましょう。最後までお読みいただき、ありがとうございました。感謝を込めて。

２０２４年8月吉日　横田真由子

**横田真由子**（よこた・まゆこ）
ミニマムリッチ®コンサルタント、オフィスファーレ代表。株式会社ケリングジャパン（旧ＧＵＣＣＩ ＪＡＰＡＮ）の販売スタッフとして、著名人やＶＩＰ顧客の接客に従事する。ＶＩＰ顧客の物選びに女性としての優雅な生き方を学び、独自の「大人エレガンス」を実践する契機となる。２００４年、英語の「ＤＯ」と同義語のイタリア語「ｆａｒｅ」を屋号に、「オフィスファーレ」を設立。ものをただ使い捨てるのではなく、選んだものを大切に手入れしながら愛し抜く姿勢に真の豊かさを感じ、「上質なものを少しだけ持つ人生」＝「ミニマムリッチ®ライフ」を提唱し、セミナー、講演、執筆活動を行う。
著書に『大人女子の小さなマナー帖』（だいわ文庫）、『本当に必要なものはすべて「小さなバッグ」が教えてくれる』『本当に必要なことはすべて「小さな暮らし」が教えてくれる』（以上、クロスメディア・パブリッシング）などがある。
オフィシャルサイト
https://minimum-rich.com/

本作品は当文庫のための書き下ろし

だいわ文庫

一流《いちりゅう》のお客様《きゃくさま》に学《まな》んだ言葉《ことば》づかい
大人女子《おとなじょし》のやわらかな話《はな》し方帖《かたちょう》

著者　横田真由子《よこたまゆこ》

二〇二四年九月一五日第一刷発行
二〇二四年一〇月二〇日第二刷発行

発行者　佐藤靖
発行所　大和《だいわ》書房
東京都文京区関口一―三三―四　〒一一二―〇〇一四
電話　〇三―三二〇三―四五一一

フォーマットデザイン　鈴木成一デザイン室
本文デザイン　吉村亮、大橋千恵（Yoshi-des.）
校正　円水社
本文印刷　光邦
カバー印刷　山一印刷
製本　小泉製本

ISBN978-4-479-32102-6
乱丁本・落丁本はお取り替えいたします。
https://www.daiwashobo.co.jp